Ethisches Hacken

Fortschrittliche und wirksame Maßnahmen des ethischen Hackings

Helene Adler

Unterstützung durch den Markeninhaber. Alle Warenzeichen und Marken in diesem Buch dienen nur der Verdeutlichung und sind Eigentum der Eigentümer selbst und stehen in keiner Verbindung zu diesem Dokument.

3

INHALTSVERZEICHNIS

Einführung

Das Hacken im Bereich der elektronischen Erkundung ist so weit gewachsen, dass einem bei der Erwähnung des Begriffs die negative Interpretation in den Sinn kommt, d. h. der Cyberkriminelle, der darauf abzielt, ein Computersystem zu verletzen oder zu kompromittieren. Tatsächlich ergab ein aktueller Bericht, dass die Cyberkriminalität den illegalen Drogenhandel bereits übersteigt. Unethisches Hacking, auch Black-Hat-Hacking genannt, zielt darauf ab, ein Computersystem anzugreifen, um es entweder zu gefährden oder zu zerstören. Meistens nutzen die Black-Hat-Angreifer die über ein Unternehmen gesammelten Informationen entweder für ein böswilliges Ziel oder um Geld zu verdienen.

Dieses Buch enthält eine detaillierte Erklärung dessen, was ethisches Hacken bedeutet. Es erklärt und bietet erweiterte Gegenmaßnahmen gegen die Aktivitäten eines Hackers. Das Buch beginnt mit der Erklärung, wer ein Hacker ist und was er/sie sucht, wenn er/sie einen Angriff auf ein System plant. Während sich ethisch Hacker darauf konzentrieren, die Informationen, die sie über das System eines Unternehmens sammeln, zum Nachteil des Unternehmens zu nutzen, konzentrieren sich ethische Hacker darauf, ihr Wissen über Hacking zur Verbesserung der Sicherheit eines Unternehmens sowie zum allgemeinen Vorteil und Wohlergehen des Unternehmens einzusetzen. Ethische Hacker werden oft als White-Hat-Hacker bezeichnet. Es handelt sich um Hacker, die von einer Unternehmensorganisation angestellt werden, um die Arbeit der Black-Hat-Hacker zu vereiteln. Ethische Hacker verstehen die verschiedenen Techniken, die von Black-Hat-Hackern verwendet werden, und wissen auch, wie sie die Arbeit dieser Hacker-Kategorie behindern können.

Das Buch ist in fünfzehn Kapitel unterteilt; jedes Kapitel baut auf dem vorherigen auf. Das erste Kapitel erklärt ausführlich, wer der ethische Hacker ist und welche Mission ein ethischer Hacker hat. Es konzentriert sich auf dieBedeutungderSicherheitundführtdenLeserindieArtund Weise ein, wie Hacker Zugriff auf ein System erhalten. Der Ansatz und Prozess des ethischen Hackers bei der Durchführung von Recherchen wird im folgenden Kapitel erläutert.

Das Buch erklärt die fünf Hauptaspekte des ethischen Hackings, einschließlich der Bedeutung von Hacking, was einen ethischen Hacker von einem Black-Hat-Hacker unterscheidet: Footprinting, Penetrationstests, undScanning. AlsNächsteserklärtdasBuch,wie ethische Hacker ihre Recherchen durchführen und welche verschiedenen Tools die Hacker für ihre Recherchen verwenden. In dem Buch wird jeder Aspekt aus der Sicht des Hackers betrachtet und erklärt, wie er/sie seinen Angriff ausführt, denn damit der ethische Hacker bei seiner Arbeit erfolgreich sein kann, muss er oder sie auch gut darüber informiert sein, wie er/sie vorgeht Der Angreifer operiert.

Der ethische Hacker ist jemand, der über das gesamte Wissen des Angreifers verfügt, dieses aber auf ganz andere Weise nutzt. In den Abschnitten des Buches, in denen ausführlich erklärt werden muss,wie ein Angreifer seinen Angriff plant und ausführt, werden auch die Gegenmaßnahmen untersucht, mit denenethischeHackerdieArbeitdes Angreifers vereiteln können.

Am Ende des Buches wird von den Lesern erwartet, dass sie ihr Wissen erweitert haben und verstehen, wie Angreifer ihre Angriffe planen. Außerdem sollen die Leser in der Lage sein, die verschiedenen im Buch erläuterten Gegenmaßnahmen anzuwenden. Das Buch ermutigt auch Unternehmen und Einzelpersonen zurNotwendigkeitvonSicherheit.Es ermutigt Unternehmen, bei der Sicherung ihrer Unternehmenssysteme vorsichtig zu sein, insbesondere im Hinblick auf die Erstellung von

Passwörtern, da sichere Passwörter die erste Verteidigungslinie darstellen.

Schauen wir uns die effektivsten Methoden des ethischen Hackings an.

Kapitel eins

Einführung zu Ethisches Hacken

In diesem Kapitel wird ausführlich erklärt, was ethisches Hacken ist und welche Arten von ethischem Hacking es gibt. Es beginnt mit einer allgemeinen Erklärung von Hacking und den verschiedenen Arten von Hacking.

Was ist Hacking?

Wenn das Wort Hacking fällt, denkt man oft an einen Dieb oder einen Cyberkriminellen, der illegale Aktivitäten ausführt, um eine Organisation oder eine Einzelperson durch Erpressung und andere mögliche Mittel zu erpressen. Für einen Laien ist der Hacker ein Computerexperte, der in der Lage ist, wertvolle Dokumente zu stehlen. Daher sind Menschen oft misstrauisch gegenüber dem Begriff „Hacker" und neigen dazu, bei der Erwähnung des Wortes auf die Sicherheit ihrer Systeme oder Computer zu achten. Obwohl dies teilweise zutrifft, nutzen nicht alle Hacker ihre Fähigkeiten für ihre eigenen egoistischen Interessen.

Hacking ist einfach eine Möglichkeit, eine alternative Verwendung von Computersoftware oder -hardware zu entdecken, um deren Funktion weiter zu verbessern und technische Probleme zu lösen. Vereinfacht ausgedrückt ist Hacking ein Akt des Einsatzes von Technologie auf neuartige Weise – anders als normalerweise –, um Probleme zu lösen, die mit normalen oder herkömmlichen Systemen nicht gelöst werden können. Dies impliziert, dass der Hauptgrund für das Aufkommen von Hacking nicht darin bestand, einem System Schaden zuzufügen. Doch mit der Weiterentwicklung der Technologie haben viele Digitale

Experten Hacking zu einer Möglichkeit gemacht, die Sicherheit zu umgehen, illegal auf die geheimen Daten von Personen oder Unternehmen zuzugreifen und Chaos anzurichten. Ethische Hacker haben es nicht darauf abgesehen, Schaden anzurichten; vielmehr besteht ihre Hauptaufgabe darin, Probleme zu lösen.

Wer ist ein Hacker?

Der Hacker ist einfach ein Computerexperte, der mehr als nur die herkömmlichen Methoden zur Nutzung von Technologien versteht. Er oder sie kennt mehr als nur die herkömmliche Verwendung von Computern.

Arten von Hackern

White-Hat-Hacker

Dies ist eine Bezeichnung für Computerexperten, die ihre Fähigkeiten zugunsten des Kunden oder Unternehmens einsetzen. White-Hat-Hacker sind Hacker, die dieselben Techniken und Methoden wie die Black-Hat-Hacker verwenden, um die Arbeit der Black-Hat-Hacker zu behindern oder zu vereiteln. Die White-Hat-Hacker verwenden diese Tools und Techniken, um in die Gefahr einzudringen, die der Black-Hat-Hacker möglicherweise verursacht hat, und sie zu lösen oder das System so einzustellen, dass es für den Black-Hat-Hacker undurchdringlich ist.

Es gibt zwei grundlegende Funktionen, die die White-Hat-Hacker mit ihren Werkzeugen erfüllen: Die erste ist ethisches Hacken und die zweite ist Computerforensik. Beim ethischen Hacking handelt es sich um den Einsatz von Sicherheitstools zum Vorteil eines Unternehmens oder Unternehmens, anstatt es zu ruinieren. Ethische Hacker nutzen diese Tools, um die Sicherheit zu testen und zu verbessern. Die White-Hat-Hacker nutzen auch Computerforensik. Hierbei handelt es sich lediglich um eine Möglichkeit, Beweise zu sammeln, um mutmaßliche illegale Hacker zu verhaften und zu verurteilen. Da der Schwerpunkt dieses Buches auf ethischem Hacking liegt, wird dieser Prozess im weiteren Verlauf ausführlicher erläutert. Diese Erklärung führt uns zu den nächsten Hackertypen, den Black-Hat-Hackern.

Black-Hat-Hacker

Aufgrund der obigen Erklärung und sogar aufgrund des Namens würden wir vermuten, dass diese Art von Hacker zu denjenigen gehört, die eine Bedrohung für das System eines Unternehmens darstellen. Black-Hat-Hacker sind einfach Hacker, die ihr Fachwissen nutzen, um ein Unternehmen oder eine Einzelperson zu ruinieren. Sie brechen in einen Computer ein, stehlen Daten, versenden Viren und Würmer und begehen alle möglichen Computerkriminalität. Ihr Hauptziel ist Zerstörung oder Erpressung. Black-Hat-Hacker sind die wenigen Hacker, deren Aktivitäten das Image von Hackern oder das, was Hacker im Allgemeinen darstellen, geschädigt haben. Dabei handelt es sich um Computer Kriminelle, die häufig ein Unternehmen oder eine Einzelperson um Geld bedrohen. Manchmal brechen sie in das Computersystem eines Unternehmens ein und geben sich als autorisierter Benutzer aus. Dabei nutzen sie die gesammelten Informationen zum Ruin oder zum Schaden des Unternehmens.

Grey-Hat-Hacker

Hierbei handelt es sich um Hacker, die sowohl als Black-Hat-Hacker als auch als White-Hat-Hacker arbeiten. Manchmal stehlen sie Daten und Informationen, bieten aber auch Hilfe an oder helfen, die Aktivitäten der Black-Hat-Hacker zu vereiteln. Manchmal greift diese Art von Hacker in die Daten eines Unternehmens ein und benachrichtigt das Unternehmen später darüber, dass sein Computer in Gefahr ist

Meistens tun Grey-Hat-Hacker dies, um Jobs von einem solchen Unternehmen zu bekommen. Grey-Hat-Hacker fungieren sowohl als White-Hat-Hacker als auch als Black-Hat-Hacker. Aus diesem Grund werden sie manchmal als „auf dem Zaun stehende" Hacker bezeichnet, da sie die ethische Grenze überschreiten, und manchmal halten sie die ethische Grenze aufrecht.

Cracker

Diese Art von Hackern funktionieren wie die Black-Hat-Hacker, aber manchmal zielen sie nicht auf die gleiche Art und Weise auf Zerstörung ab wie Black-Hat-Hacker. Sie brechen in das System eines Unternehmens ein, um Informationen oder Daten aus egoistischen Interessen zu stehlen. Cracker dringen aus egoistischen Gründen in die Unternehmensdetails ein. Manchmal brechen sie in ein Computersystem ein, nur um zu beweisen, dass sie es können.

Absicht von Crackern

Das Hauptziel von Crackern besteht darin, illegal in die Unternehmensdetails einzudringen und Dokumente zu stehlen, um diese entweder vom Unternehmen zu erpressen oder zu zerstören. Meistens knacken Cracker auch die Details eines Unternehmens mit dem Ziel, Geheimnisse über das Unternehmen preiszugeben.

Cracker kompromittieren auch die Systeme, sodass den echten Benutzern der Zugriff auf den Computer verwehrt wird. Dies könnte dazu dienen, dem Unternehmen Ärger zu bereiten oder sich zu rächen.

Cracker zielen darauf ab, ein Unternehmen zu diffamieren. Sie tun dies, indem sie das Image eines Unternehmens schädigen oder dem Unternehmen große finanzielle Verluste zufügen.

Phreaks

Das sind diejenigen, die über ihren Computer ihre Fähigkeiten nutzen, um in ein Telefonnetz einzubrechen. Das Hauptziel von Phreaks besteht darin, Sicherheitslücken in einem Telefonnetz zu finden und diese zu ihrem eigenen Vorteil auszunutzen, insbesondere um kostenlose Anrufe zu tätigen und kostenlose Daten zu erhalten.

Drehbuch-Kiddies

Diese Art von Hackern sind Computer-Neulinge, da für ihre Arbeit nur ein minimales Maß an Fachwissen erforderlich ist. Die Script-Kiddies nutzen die Tools, Schwachstellen, Scanner und andere Hacker Geräte des Hackers aus, um einem Unternehmen Ärger zu bereiten. Normalerweise versteht diese Art von Hacker weder die Art noch das Ausmaß des Chaos, das sie angerichtet haben, und weiß nicht, was unter oder außerhalb ihrer Reichweite vor sich geht. Sie sind in der Regel schlampig und hinterlassen oft so viele Fingerabdrücke, dass sie leicht aufgespürt werden können. Script-Kiddies sind normalerweise die Art von Hackern, von denen wir oft hören.

Die Absicht von Script-Kiddies-Hackern

Wie bereits erläutert, nutzen Script-Kiddy-Hacker die ihnen zur Verfügung stehenden Hacking-Tools, um den Ruf oder die Details eines Unternehmens zu zerstören. Meistens führen sie die Handlung jedoch nur zum Spaß oder aus Neugier durch.

Script-Kiddies verfügen im Allgemeinen nicht über das Fachwissen von Black-Hat-Hackern, die stets darauf achten, dass sie keine Spuren ihres Eindringens hinterlassen.

Im Allgemeinen hängt die Absicht eines Hackers von der Art des Hackers ab, der in das System eindringt. Mit Ausnahme der White-Hat-Hacker und der Grey-Hat-Hacker zielt jede andere Art von Hacker darauf ab, zu zerstören. In Bezug auf die bereits erläuterte Art von Hackern werden die Absichten von Hackern jedoch grob wie folgt definiert:

● Vertiefende Kenntnisse über einen Computer und seine Funktionsweise erlangen.

Jeder Hacker geht über die herkömmliche Nutzung des Computers hinaus und untersucht eingehend, was im Backend eines bestimmten Programms oder Systems passiert, normalerweise mehr als das, was auf dem Seitenbildschirm des Computers angezeigt wird.

● Hacker zielen auch darauf ab, mögliche Sicherheitsrisiken und Schwachstellen in einem Netzwerk in einem Computersystem zu finden.

● DiemeistenHacker,abernichtalleHacker,zielendaraufab,ein Sicherheitsbewusstsein zu schaffen, insbesondere in Unternehmen mit anfälligen Computersystemen oder Netzwerken. Hacker retten solche Unternehmen, indem sie Wissen und geeignete Sicherheitsvorkehrungen weitergeben, die das Unternehmen ergreifen sollte. Die Haupttypen von Hackern, die dies tun, sind ethische Hacker.

Wer ist ein ethischer Hacker?

Es gibt verschiedene Gründe, warum ein Hacker in das System eines Unternehmens eindringt. Als Geschäftsinhaber oder Systemadministrator müssen Sie nicht nur den Angreifer des Systems kennen, sondern auch den Grund für den Angriff. Wie Sun Tzu in seinem Buch The Art of War schrieb: *„Wenn du dich selbst kennst, aber nicht den Feind, wirst du für jeden errungenen Sieg auch eine Niederlage erleiden.“* Eine der besten Möglichkeiten für einen Systemadministrator oder Geschäftsinhaber ist die Beauftragung eines ethischen Hackers. Ein ethischer Hacker ist jemand, der alle bösartigen

Techniken von Hackern kennt, dieses Wissen jedoch nutzt, um für den Kunden zu arbeiten.

Ethische Hacker sind Hacker der Informationssicherheit, deren Hauptziel darin besteht, die Bedrohung durch Hacker, die das Unternehmen zerstören oder erpressen wollen, einzuschätzen und abzuwehren. Ethische Hacker wollen retten und helfen, nicht zerstören oder Chaos anrichten. Sie verfügen über hervorragende Computerkenntnisse und konzentrieren sich darauf, diese Fähigkeiten zum Schutz des Computersystems einzusetzen und nicht, um sie zu beschädigen. Ethische Hacker können in die folgenden Kategorien eingeteilt werden:

Ehemalige Black Hats

Bei dieser Gruppe handelt es sich um reformierte Angreifer, deren früheres Ziel darin bestand, das Image eines Unternehmens oder eines Computersystems zu zerstören oder zu beschädigen. Die Gruppe versteht, wie gefährlich schwarze Hacker sein können, und versteht alle Taktiken, die schwarze Hacker anwenden möchten, um nicht von ethischen Hackern erwischt zu werden. Dies liegt daran, dass sie einst als Black-Hat-Hacker fungiert haben.

White-Hat-Hacker

Anders als der reformierte Black-Hat-Hacker hat sich dieser Hackertyp nie mit der angreifenden oder stehlenden Form des Hackings beschäftigt, sondern versteht die verschiedenen Tricks und Fähigkeiten, die Computerkriminelle zur Durchführung ihrer Verbrechen einsetzen. Sie kennen die verschiedenen Möglichkeiten und Tricks, mit denen ein Computersystem gesichert werden kann. Sie sind vielleicht nicht so erfahren wie die reuigen oder ehemaligen Black-Hat-Hacker, aber sie kennen sich sehr gut mit der Arbeitsweise krimineller Hacker aus. Die meisten ethischen Hacker sind White-Hat-Hacker.

Beratungsfirmen

Dabei handelt es sich um Firmen, die Sicherheitsdienstleistungen für Unternehmen und Privatpersonen anbieten. Sie sind eine Gruppe von Hackern, die als Berater für verschiedene Hacking-Themen arbeiten. Bevor Sie jedoch ein Beratungsunternehmen mit der Abwicklung von Sicherheitsgeschäften für Sie beauftragen, ist es wichtig, sich zunächst über das Unternehmen zu informieren. In den meisten Fällen könnte das Unternehmen eine Gruppe von Hackern beschäftigen, die sich nicht besonders gut mit Sicherheit auskennen, sondern die Arbeit nur aus Spaß und wegen des finanziellen Gewinns erledigen. Daher ist es wichtig, sich gründlich zu informieren, bevor Sie ein Beratungsunternehmen mit der Verwaltung Ihrer System- oder Netzwerksicherheit beauftragen.

Der Job eines ethischen Hackers

Ethische Hacker suchen nach Antworten auf diese drei Fragen:

● WaskanneinAngreiferaufdemZielsystemleichterkennen?

Bei jeder Sicherheitsüberprüfung durch das demonstrative System gibt es viele Schwachstellen, die meist übersehen werden. Wenn jedoch ein ethischer Angreifer ein System durchdringt, ist dies der erste Aspekt, auf den er oder sie achten würde. Der ethische Angreifer denkt darüber nach, was ein Computer-Krimineller während der Aufklärungs- und Scan-Phase eines Angriffs leicht erkennen kann. Er oder sie nimmt sich die Zeit, das System gründlich zu recherchieren und nach Lücken Ausschau zu halten, die das System für Hacker anfällig machen könnten.

● Was kann ein Eindringling damit anfangen, wenn er auf Informationen stürmt?

Die Untersuchung des Zwecks eines Einbruchs hilft dem ethischen Hacker bei der Planung seiner Gegenmaßnahmen. Indem der Angreifer die Absicht des Hackers kennt, weiß er, wie er das System vor der Einarbeitungsphase und der Coming-Out-Phase eines Angreifers positionieren kann.

● KanndasSystemdieVersuchederAngreiferbemerken?

Manchmal verbringen Angreifer Tage, Wochen oder sogar Monate damit, in ein System einzudringen. Meistens erhalten sie den gewünschten Zugriff, manchmal müssen sie möglicherweise auf das System warten, damit sie nach Anzeichen von Lücken oder Schwachstellen suchen können. Wenn sich Angreifer Zugang verschaffen, richten sie entweder sofort ihr Chaos an oder warten einige Zeit, bevor sie mit dem Angriff beginnen. Ein guter ethischer Angreifer nutzt diese Zeit aus und stoppt die Arbeit des Angreifers.

Normalerweise verwischen Angreifer nach der Durchführung ihrer Angriffe ihre Spuren, um nicht leicht von Experten entdeckt zu werden. Sie ändern entweder Protokolldateien, sperren den Zugriff auf die Hintertür oder setzen einen Trojaner ein. Ethische Hacker versuchen herauszufinden, ob so etwas mit dem Computersystem passiert ist und welche Maßnahmen zu ergreifen sind. Dadurch erhalten sie Einblicke in die Anfälligkeit des Computersystems. Die ethischen Angreifer nutzen diesen Weg auch, um das Leistungsniveau der Angreifer zu ermitteln, mit denen sie es zu tun haben. Der Prozess des ethischen Hakens und des anschließenden Patchens einer entdeckten Schwachstelle kann durch die Beantwortung dieser drei Fragen gesteuert werden:

● WelcheInformationenoderAktivitätenwürdeeineOrganisation wahrscheinlich schützen wollen?

● Vor welchen Personen oder Organisationen schützt sich das Unternehmen oder die Einzelperson?

● WievielZeitwürdeindenSchutzderOrganisationinvestiert werden und wie viel Geld ist die Organisation bereit, für den
Schutz zu zahlen?

Üblicherweise beendet der ethische Hacker seine Ermittlungen, nachdem er eine Antwort auf die erste Frage gegeben hat, da er davon ausgeht, dass die erforderlichen Sicherheitsmaßnahmen ergriffen wurden. Dies ist in der Regel nicht der Fall, da ein Angreifer einen Angriff gegen ein Unternehmen plant. Daher sollten der ethische Hacker und sein Kunde Hand in Hand arbeiten, um sicherzustellen, dass das Computersystem ordnungsgemäß geschützt ist. Der Kunde sollte gut darüber informiert sein, was auf dem Spiel steht, wenn das System nicht ordnungsgemäß geschützt ist. Außerdem ist es wichtig, dem Kunden zu erklären, dass kein System absolut geschützt werden kann. Was ethische Angreifer tun, ist, den Schutz des Systems zu verbessern.

Kann Hacking ethisch sein?

Angesichts der Reihe von Verbrechen im Zusammenhang mit Hacking und den Schäden, die Hacker verursacht haben, gibt es eine wachsende Debatte darüber, ob Hacking möglicherweise ethisch vertretbar sein kann, da die meisten Hackerangriffe durch unbefugten Zugriff auf das Computersystem eines Unternehmens erfolgen. Bevor wir diese Frage beantworten, müssen wir zunächst die folgende Erklärung berücksichtigen

● DerWörterbuchErklärungdesSubstantivs„Hacker"bezeichnet jemanden, der gerne mehr über die Funktionsweise eines Computers lernt und alle Informationen, die er oder sie sammelt, nutzt, um seine oder ihre Fähigkeiten und Kapazitäten zu erweitern.
● Das Verb „Hacken" bezieht sich auf die schnelle Entwicklung neuer Programme oder das Reverse Engineering bereits

bestehender Software, um deren Funktion und Effizienz besser zu verbessern.

- Mit dem Begriff „Angreifer" oder „Cracker" wird eine Person bezeichnet, die ihre erworbenen Fähigkeiten nutzt, um das Computersystem eines Unternehmens zu zerstören oder vom Unternehmen etwas zu erpressen.

- Mit dem Begriff „ethischer Hacker" werden Sicherheitsexperten bezeichnet, die ihre Hacking-Fähigkeiten einsetzen, um ein Computersystem vor Angreifern oder Crackern zu schützen.

Fähigkeiten ethischer Hacker

● Computerexperte

Die erste wichtige Fähigkeit eines ethischen Hackers besteht darin, dass er ein Computerexperte sein muss. Ein ethischer Hacker sollte ein brillanter Programmierer sein. Er oder sie muss vielseitig im Netzwerkbereich sein und wissen, wie man Computersysteme unter Verwendung aller gängigen gängigen Betriebssysteme wie Windows, Mac und Linux installiert und wartet.

● KenntnisseinHardwareundSoftware

Ein ethischer Hacker muss über ausreichende Kenntnisse sowohl der Hardware als auch der Software verfügen. Obwohl der Besitz einer zusätzlichen Sicherheitskompetenz nicht so wichtig ist, wäre sie für den ethischen Hacker ein zusätzlicher Vorteil. Der Hacker sollte über Managementfähigkeiten verfügen, die zur Berechnung der tatsächlichen Schwachstellen Tests und zur Erzielung von Ergebnissen bei der Durchführung des Tests verwendet werden.

● Geduldig

Um ein erfolgreicher ethischer Hacker zu sein, muss der Hacker sehr geduldig sein. Dies liegt daran, dass die Analysephase oft mehr Zeit in

Anspruch nimmt als die Testphase. Für einige Aufgaben wird es erforderlich sein, dass Sie Monate mit nur einer Bewertung verbringen. Wenn ethische Hacker auf unbekannte Systeme stoßen, ist es wichtig, dass sie sich zunächst die Zeit nehmen, die Funktionsweise des Systems zu verstehen und seine Verwundbarkeit zu bewerten und zu testen.

Was ist Schwachstellenforschung beim ethischen Hacken?

● Die Schwachstellenforschung hilft dem ethischen Hacker, mit den kürzlich entdeckten Schwachstellen Schritt zu halten und den Angreifern immer einen Schritt voraus zu sein. Es hilft den. Angreifern, Fehler und Schwächen eines Systems Designs zu entdecken, die Angreifern leicht Zugriff auf das System verschaffen könnten.

● DieSchwachstellenforschunghilftdemethischenHacker,sich über neue Technologien und Produkte in anderen Bereichen auf dem Laufenden zu halten und Neuigkeiten zu aktuellen Exploits zu finden.

● DieSchwachstellenforschunghilftdemethischenHacker,über die Untergrund-Webseite auf dem Laufenden zu bleiben, die die Angreifer über kürzlich entdeckte Schwachstellen und Exploits informiert.

● SchwachstellenforschungmachtdenethischenHackeraufneu entdeckte Produktverbesserungen und Innovationen für Sicherheitssysteme aufmerksam.

Wir können die Schwachstellenforschung anhand folgender Kriterien klassifizieren:

● Exploit-Bereich(lokaloderremote)

● EinSchweregrad(niedrig,mitteloderhoch)

Gründe, warum ethische Hacker Schwachstellenforschung benötigen

Aus der Erklärung, was Schwachstellenforschung ist, lässt sich ableiten, dass ein ethischer Hacker, um erfolgreich zu sein, Schwachstellenforschung betreiben oder durchführen muss. Nachfolgend sind einige Gründe dafür aufgeführt.

● Ethische Forscher führen Schwachstellenforschung durch, um eine Schwachstelle in Computernetzwerken zu identifizieren und zu beheben

● Sie benötigen Schwachstellenforschung, um die Computernetzwerke vor Angreifern oder Crackern zu schützen

● Die Schwachstellenforschung hilft Hackern, Informationen zu erhalten, die zum Schutz von Sicherheitsproblemen beitragen

● Sie erfahren, wie Sie sich nach einem Netzwerkangriff erholen können und welche Sicherheitsmaßnahmen Sie ergreifen müssen.

● Es hilft ethischen Hackern, eine Schwachstelle im System Netzwerk zu entdecken und den Administrator darauf aufmerksam zu machen, bevor ein Angriff erfolgt.

● Die Netzwerkanalyse hilft dem ethischen Hacker, Informationen über Malware und Viren zu sammeln.

Kapitelzusammenfassung

- Hacking ist ein allgemeiner Begriff, der die Arbeit eines Black-Hat-Hackers und eines ethischen Hackers beschreibt.

- Ein ethischer Hacker verfügt über das gesamte Wissen des Black Hat, nutzt seine Fähigkeiten jedoch zum Nutzen des

Unternehmens oder Kunden. Der ethische Hacker nutzt seine Fähigkeiten, um die Arbeit des Black-Hat-Hackers zu vereiteln.

* Der Black-Hat-Hacker hat zwei Hauptziele: ein Computersystem zu zerstören oder das System zu kompromittieren. Entweder erhält er oder sie Informationen gegen Geld oder den Ruin des Unternehmens.

Kapitel Zwei

Wie man ethisches Hacking durchführt

Zu den Umrissen, die in diesem Kapitel behandelt werden, gehören:

● DieArbeiteinesethischenHackers

● WieethischeHackerihreAufgabenerfüllen

● VerschiedeneAnsätzefürethischesHacken

● EthischeHacking-Tests

● DieAuswirkungenvonComputerkriminalität

Die Arbeit eines ethischen Hackers lässt sich in die folgenden sechs
grundlegenden Schritte einteilen:

● InformierenSiedenKundenüberdieBedeutungvonSicherheit,
Bewertung und Tests

● OrganisierenundbereitenSieeineGeheimhaltungsvereinbarung
(NDA) vor und stellen Sie sicher, dass der Kunde seine
Unterschrift vorlegt

● BereitenSieeinTeamethischerHackervorundvereinbarenSie
einen Testtermin

● FührenSiedenTestdurch

● AnalysierenSiedasErgebnisunderstellenSiedenBerichtfür
den Kunden

● LiefernSiedenBerichtandenKunden

Nachdem wir die Prozesse aufgelistet haben, die ethische Hacker zur
Durchführung oder Durchführung ihrer Forschungen verwenden,
besteht der nächste Schritt darin, zu erklären, wie ethische Hacker dies
tun.

Wie erfüllen ethische Hacker ihre Aufgabe?

Es gibt drei Phasen der Sicherheitsprüfung beim ethischen Hacken. Diese
Phasen sind Vorbereitung, Durchführung und Abschluss.

Vorbereitungsphase

Nachdem der Kunde dem Kunden die Notwendigkeit der Sicherheitsprüfung
und -bewertung erklärt und dem ethischen Hacker seine Zustimmung gegeben
hat, sollte der Hacker sicherstellen, dass er oder sie ein NDA-Dokument erstellt,
das sowohl die Unterschrift des Hackers als auch die des Kunden enthält . Der
Vertrag sieht vor, dass keine Informationen über das Unternehmen
weitergegeben werden und alle Daten vertraulich behandelt werden. Der
Hacker sollte sicherstellen, dass ein Satz des Kunden vorliegt, der besagt, dass
der Kunde derjenige ist, der dem Hacker die Freiheit gegeben hat, auf das
System des Unternehmens zuzugreifen. Dieser Aspekt ist sehr wichtig, um den
Hacker vor einer Strafverfolgung aufgrund der in der Verhaltensphase
durchgeführten Aktivitäten zu schützen. Wenn diese Phase abgeschlossen und
der Vertrag unterzeichnet ist, erstellt der Hacker einen Sicherheitsplan, um zu
ermitteln, welches System oder welche Systeme auf Schwachstellen getestet
werden sollen. Der Plan wird auch die spezifische Methodik der Tests und die
anzuwendenden Einschränkungen oder Einschränkungen enthalten.

Durchführungsphase

Dies ist die längste Phase des ethischen Hackings. Es kann Tage, Wochen oder
Monate dauern, bis ein ethischer Hacker diese Phase

abgeschlossen hat. Wenn die Phase jedoch abgeschlossen ist, erhält der Hacker Einblick in den Grad der Verwundbarkeit des Unternehmens. In der Verhaltensphase werden verschiedene Methoden angewendet. Zu den beiden beliebtesten Methoden gehören die begrenzte Schwachstellenanalyse sowie Angriffs- und Penetrationstests.

Eine eingeschränkte Schwachstellenanalyse erfordert die Konzentration auf den am besten zugänglichen Zugangspunkt zum Netzwerk des Kunden über das Internet. Diese Analyse beinhaltet auch eine Untersuchung der am besten verfügbaren Daten und kritischen Systeme des Kunden. Sobald dies durchgeführt und die verschiedenen Einträge identifiziert sind, verwendet der Hacker Standard Verbindungstechniken, um potenzielle Einstiegspunkte und kritische Systeme zu scannen.

Beim Angriffs- und Penetration Aspekt werden Entdeckungen gescannt, um so viele Informationen wie möglich über die plausiblen Bereiche zu erhalten, aus denen Angriffe wahrscheinlich kommen. Wie die eingeschränkte Schwachstellenanalyse kann der Penetrations-Scan sowohl aus der externen als auch aus der internen Netzwerkperspektive durchgeführt werden. Im Gegensatz zur eingeschränkten Schwachstellenanalyse sind Angriff und Penetration jedoch einen Schritt weiter als bei der begrenzten Schwachstellenanalyse. In diesem Aspekt wird der Hacker versuchen, eine Schwachstelle auszunutzen, um einen echten Angriff zu simulieren.

Das Bedürfnis des Kunden

In den meisten Fällen bevorzugen Kunden eine begrenzte Schwachstellenanalyse, um den Verlust wichtiger Daten und das Risiko unbeabsichtigter Schäden zu vermeiden. Es ist die Aufgabe des ethischen Hackers, den Kunden über die Notwendigkeit der beiden lebenswichtigen Prozesse aufzuklären. Der Angriffs- und Penetration Prozess ähnelt stark der Funktionsweise eines echten Angriffs. Aus diesem Grund birgt diese Phase häufig gewisse Risiken wie Verwirrung des Personals, Systemabstürze, versehentliche Beschädigung von Netzwerkgeräten, Denial-of-Service und Bandbreitenverbrauch. Aufgrund dieses Risikos sollten ethische Hacker Angriffe und Penetration Prozesse am Wochenende oder an Feiertagen durchführen.

Es ist auch möglich, dass der Hacker bei der Durchführung der Bewertung Sicherheitslücken entdeckt, die nicht einfach innerhalb des festgelegten Zeitrahmens behoben werden können. Daher ist es sehr wichtig, dass der ethische Hacker dies dem Kunden vor dem Bewertungsprozess mitteilt. Vom Kunden wird außerdem erwartet, dass er unverzüglich Maßnahmen zur Behebung dieser Sicherheitslücken ergreift; Jede weitere Verzögerung könnte dazu führen, dass Angreifer leichter eindringen können.

Die letzte Phase des Verhaltens ist die Schlussfolgerung und der Bericht. Der Bericht sollte auf Erkenntnissen oder Entdeckungen ethischer Hacker während der Verhaltensphase basieren. Es sollte Bewertungsergebnisse, potenzielle Gefahren und Schwachstellen sowie Schutz-Empfehlungen enthalten.

Verschiedene Ansätze für ethisches Hacking

Es gibt verschiedene Ansätze, mit denen ein ethischer Hacker seine Bewertung durchführt oder durchgeführt hat. Zu den verschiedenen Ansätzen gehören:

● Remote-Netzwerk: Dadurch wird simuliert, dass ein Angreifer einen Angriff auf die Firewalls startet und Router aus einem externen Netzwerk herausfiltert.

● Remote-Einwahl-Netzwerk: Dies ist wichtig, wenn der Client Einwahl-Dienste nutzt. Wenn der Client dies tut, simuliert er einen Angreifer, der Hand in Hand mit der örtlichen Telefongesellschaft einen Angriff auf die PBX-Einheiten,

Telefonmodems, Fax- und Voicemail-Server des Unternehmens startet.

- Gestohlene Ausrüstung: Viele Mitarbeiter eines Unternehmens speichern vertrauliche Daten auf ihren tragbaren Geräten wie Laptops und PDAs. Der ethische Hacker wird versuchen, die Daten von diesen Geräten zu extrahieren und sogar versuchen, mit gestohlenen Anmeldeinformationen aus der Ferne auf private Server zuzugreifen.

- Lokales Netzwerk: Dies simuliert einen Mitarbeiter oder eine andere autorisierte Person, die über eine autorisierte Verbindung zum Netzwerk der Organisation verfügt. Dabei werden die Sicherheits-Firewalls, internen Webserver und andere Sicherheitsmechanismen des Kunden getestet.

- Physischer Einlass: Bei diesem Test werden die Sicherheitsrichtlinien für den physischen Zutritt des Kunden überprüft. Dazu gehören die Überprüfung von Sicherheitspersonal, Empfangsbereichen, Zugangskontrollen und Überwachungsgeräten.

- Soziale Entwicklung: Der vielleicht am schwierigsten zu vermeidende Angriff. Dabei werden die Integrität und das Bewusstsein des Personals einer Zielorganisation bewertet. Wie bereits in diesem Kapitel erwähnt, beinhaltet dieser Angriff, dass der Hacker mit realen Personen innerhalb der Organisation des Kunden anruft, E-Mails sendet oder auf andere Weise mit ihnen kommuniziert und die auf andere Weise gewonnenen Informationen nutzt, um an weitere Informationen zu gelangen. Beispielsweise könnte der ethische Hacker die IT-Abteilung des Kunden anrufen und sich als Mitarbeiter ausgeben, der sein Passwort vergessen hat. Wenn der Hacker über genügend andere Informationen verfügt, kann er den Mitarbeiter möglicherweise dazu verleiten, das Passwort zurückzusetzen. Der einzige Weg, sich davor zu schützen, besteht darin, sicherzustellen, dass alle Mitarbeiter die Bedeutung der Sicherheit verstehen.

Ethische Hacking-Tests

Bei Ethical Hacking gibt es verschiedene Testmethoden. Jeder hängt davon ab, wie viel Wissen über das Zielsystem dem Hacker vermittelt wird. Bei den zur Durchführung des Tests verwendeten Ansätzen handelt es sich um einen dieser drei Ansätze: Gray-Box-Test, White-Box-Test und Black-Box-Test.

Beim Black-Box-Test handelt es sich lediglich um eine Situation, in der ein ethischer Hacker keine Informationen über das System des Unternehmens erhält. Hier erwartet der Kunde, dass der Hacker als Angreifer ohne Insiderwissen über das Unternehmen agiert. Alle Informationen, die der ethische Hacker in diesem Zusammenhang sammelt, erfolgen online oder aus anderen verfügbaren externen Quellen. Nachdem der Angreifer seine Quelle ermittelt hat, geht er zum Port-Scanning, Social Engineering und allen anderen Hacking-Strategien über. Beim Black-Box-Test macht der Hacker alles, was ein Hacker auch tut.

Bei White-Box-Tests erhält der ethische Hacker jedoch das volle Vorwissen über das System; dies hilft dem ethischen Hacker, einen strukturierten Ansatz zu entwickeln. Bevor der ethische Hacker die bereitgestellten Informationen jedoch nutzen kann, muss er sie überprüfen.

So wählen Sie eine Testmethode aus

Es gab eine Reihe von Debatten darüber, ob Black-Box-Tests oder White-Box-Tests wichtiger sind. Während es bei Black-Box-Tests um Tests geht, die auf dem basieren, was der Angreifer während der Aufklärungsphase sammeln kann, ist ethisches Hacken besser und schneller, wenn ein Hacker Hintergrundwissen über das System des Unternehmens hat. Wenn bei der Auswahl einer Testmethode Geldwert und Zeit eine Einschränkung darstellen, ist es außerdem ratsam, nicht auf Black-Box-Tests zu setzen. In diesem Fall entscheiden sich Unternehmen in den meisten Fällen für Gray-Box-Tests, die einfach als interne Tests bezeichnet werden. Dieser Ansatz ermöglicht es den Netzwerk-Experten und Systemadministratoren, Zeit und Ressourcen zu investieren, um das System zu testen und Schwachstellen zu erkennen. Dies wird als Gray-Box-Test bezeichnet, da es sowohl bekannte als auch unbekannte Aspekte des Systems geben kann, die die Wahrscheinlichkeit einer Kompromittierung des Systems erhöhen.

Ethische Hacking-Bewertung

Dies ist die Abschlussphase der Bewertung durch ethische Hacker. Hier erläutert der ethische Hacker ausführlich seine Erkenntnisse und analysiert die Möglichkeiten des Hackings und die Auswirkungen des Schadens auf das Unternehmenssystem. Alle erkannten Schwachstellen werden detailliert analysiert; dies geht mit einer konkreten Empfehlung einher, sie zu patchen, um eine dauerhafte Sicherheitslösung zu schaffen. Der ethische Hacker kann plausible Lösungen vorschlagen, und der Kunde kann auch um die Beteiligung seiner Arbeitgeber bitten, indem er sie nach ihrer Meinung und Beobachtungen während der Beurteilungen fragt.

Der ethische Hacker sollte sicherstellen, dass alle Berichte in Papierform vorliegen und dem Kunden vorgelegt werden, und der Kunde sollte sich bemühen, diese unter Verschluss zu halten. Aus Sicherheitsgründen sollten alle Informationen und Daten, die der ethische Hacker während des Bewertungsprozesses sammelt, am Ende des Projekts vernichtet werden. Handelt es sich jedoch um einen Langzeit-Client und werden mehrere Tests durchgeführt, können die Daten verschlüsselt und offline gespeichert werden.

Auswirkungen der Computerkriminalität

EsgibtzweigroßeBereichederComputerkriminalität:

- Kriminalität, die durch den Einsatz des Computers erleichtert wird
- Verbrechen,beidenendasZielderComputerist

Unter dem Aspekt der Kriminalität, die durch den Einsatz des Computers ermöglicht wird, wird der Computer dazu verwendet, kriminelle Aktivitäten zu speichern, zu manipulieren und zuverbreiten. Dazu kann die illegale Verbreitung krimineller Aktivitäten, Informationen im Zusammenhang mit Terrorismus und Kinderpornografie gehören.

Bei Straftaten, bei denen der Computer das Ziel ist, wären dies jedoch auch Angriffe auf Computersysteme durch unethische Hacker. Die Bewertung dieser Art von Straftaten ist schwieriger als bei Straftaten, die durch den Benutzer des Computers ermöglicht werden. Diese Bewertung umfasst die Identität des Täters, die Art der Straftat, den Ort, an dem die Straftat begangen wurde, und die Identität der Opfer.

Der Cyber Security Enhancement Act von 2002 erlaubt lebenslange Haftstrafen für Hacker, die rücksichtslos das Leben anderer gefährden. Die CSI/FBI-Umfrage zu Computerkriminalität und Sicherheit ausdem Jahr 2002 ergab, dass 90 % der Befragten Sicherheitsverstöße einräumen, aber nur 34 % die Straftaten den Strafverfolgungsbehörden meldeten. Die Abteilung für ComputerkriminalitätdesFBIschätzt,dass zwischen 85 und 97 Prozent der Computer-Einbrüche immer noch unentdeckt bleiben.

Weitere Informationen finden Sie im Abschnitt „Cyberkriminalität und geistiges Eigentum" des US-Justizministeriums unter http://www.cybercrime.gov.

Kapitelzusammenfassung

- Das Kapitel befasst sich mit der Arbeit eines ethischen Hackers. Die

- drei Hauptphasen des Hackings.

- Die Auswirkungen der Computerkriminalität.

- So wählen Sie eine ethische Hacking-Testmethode aus.

Kapitel drei

Sicherheit

Mit dem zunehmenden Technologie Wachstum werden nahezu alle Unternehmen vernetzt. Der Informationsaustausch erfolgt in den meisten Unternehmen über einen Computer. Alle Geschäftsaufgaben werden computerisiert, von den schwierigsten bis zu den Routineaufgaben, und die Aufgaben entwickeln sich schnell von manuell zu automatisch. Mit dem Computer sind die geistigen Vermögenswerte eines Unternehmens, die es von anderen Wettbewerbern unterscheiden und auch über die Höhe seiner Gewinne und Verluste entscheiden, gefährdet. Die Vermögenswerte müssen sicher vor äußeren Bedrohungen geschützt sein.

Der Umfang der Informationssicherheit ist breit; Ziel dieses Kapitels ist es, umfassend zu erklären, wie Informationen auf dem Computer gesichert werden. Mit der Weiterentwicklung der Computer entwickelten sich auch ihre Einsatzmöglichkeiten und mit der Weiterentwicklung der Unternehmen wurden Computer zunächst dazu konzipiert, die Forschung zu erleichtern, ohne viel Wert auf Sicherheit zu legen. In diesem Zeitraum werden Ressourcen nur zwischen den verfügbaren Benutzern eines Computers geteilt. Heutzutage hat der Computer jedoch auch die Geschäftswelt und Heimnetzwerke durchdrungen. Es ist zu einem Gerät geworden, das zum Speichern verschiedener gültiger Informationen verwendet wird. In diesem Kapitel werden die folgenden Gliederungen behandelt:

● BedrohungundVerletzlichkeit

● Attacke

- Sicherheitsverstoß

- Elemente von Wertpapieren

- Das Wachstum des Hackings

- Phasen eines Angriffs

Bedrohung und Verletzlichkeit

Bedrohungen und Schwachstellen können auf diese drei Arten definiert werden;

Eine Form von Sicherheitsschwäche bei einem Evaluierungs Ziel, die auf Fehler bei Analyse, Implementierung, Design und Betrieb zurückzuführen sein könnte.

Eine Form der Schwäche von Informations Komponenten oder -systemen. Dazu gehören Hardware-Design, Systemsicherheitsverfahren und interne Kontrolle.

Ein Fehler oder eine Schwäche im Design oder in der Implementierung könnte zu einem unerwarteten Vorfall führen, der die Sicherheit des Systems, der Anwendung, des Netzwerks usw. gefährdet.

Es ist wichtig zu beachten, dass es einen Unterschied zwischen Verwundbarkeit und Bedrohung gibt. Sicherheitslücke bedeutet Schwäche, die einer potenziellen Bedrohung Raum geben könnte. Das bedeutet, dass eine gewisse Verwundbarkeit vorhanden sein muss, damit eine Bedrohung besetzt werden kann. Bei der Bedrohung handelt es sich um eine Aktion, die die Sicherheit gefährden und zum Verlust wichtiger Daten im System führen könnte. Das einfachste Beispiel für Verwundbarkeit ist Papier. Papier ist feuergefährdet und kann leicht zerstört werden. Die Tatsache, dass etwas das Verbrennen des Papiers auslösen könnte, stellt eine Gefahr für die Erhaltung der Dokumentation dar. Daher kann die Anfälligkeit von Papier durch die Installation eines Brandbekämpfungssystems gemindert werden. Wie Papier sind die meisten Systeme anfällig, aber nicht zu fehlerhaft, um verwendet zu werden. Daher erfordert nicht jede Schwachstelle irgendeine Art von Schutz. Nicht jede Schwachstelle bietet Platz für einen Angriff, und nicht alle sind erfolgreich. Der Hauptfaktor, der darüber entscheidet, ob ein Angriff erfolgreich ist oder nicht, ist das Ausmaß der Verwundbarkeit und das Ausmaß des Angriffs.

Das Ausmaß der Verwundbarkeit ist in der Regel das, worüber sich ein Eindringling oft Gedanken macht. Wenn ein System ein hohes Maß an Verwundbarkeit aufweist, besteht die Tendenz zu einem Angriff.

Was ist ein Angriff?

Ein Systemeingriff ist ein unbefugter und vorsätzlicher Angriff auf die Sicherheit des Systems. Die Informationen oder Daten, die vor einem Angriff geschützt werden sollen, sind das Ziel des Angriffs. Das Angriffsziel kann ein Produkt, ein IT-System oder eine Komponente sein, die nachweislich einer Sicherheitsbewertung bedarf. System Angriffe können entweder aktiv oder passiv sein.

Aktive Angriffe verändern das System. Ein großer Vorteil einer solchen Angriffsform ist ein Angriff auf eine DOS-Ziel Ressource (Denial of Service), die in einem Netzwerk verfügbar ist. Die Auswirkungen eines solchen Angriffs umfassen die Veränderung der Integrität, Vertraulichkeit, Verfügbarkeit und Authentizität des Systems.

Der passive Angriff hat keinen Einfluss auf die Daten eines Systems, verletzt aber die Vertraulichkeit eines solchen Systems, ohne notwendigerweise den Zustand des Systems zu beeinträchtigen. Ein gutes Beispiel für diese Art von Angriffen ist das elektronische Abhören (das Sammeln unverschlüsselter vertraulicher Daten).

Der Hauptunterschied zwischen den beiden Angriffsarten besteht darin, dass aktive Angriffe darauf abzielen, die Funktionalität und Ressourcen eines Systems zu beeinträchtigen. Im Gegensatz dazu zielen passive Angriffe lediglich darauf ab, Informationen oder Daten vom System zu sammeln.

Angreifer sind nicht darauf beschränkt, extern zu agieren; Es gibt sowohl interne als auch externe Angreifer. Ein Insider-Angriff ist ein Angriff, der von einem autorisierten Benutzer initiiert wird. Es könnte von einem Insider mit böswilliger Absicht ausgehen, während ein externer Angriff von einem Eindringling ausgeführt wird, der keine autorisierte Kontrolle über das System hat.

Sicherheitsverstoß

Um Zugriff auf ein System zu erhalten, nutzt der Angreifer die Schwachstelle eines solchen Systems aus. Ein Exploit in das System ist die Art und Weise des Angreifers, die Sicherheit des Systems durch eine Schwachstelle zu verletzen. Ein Verstoß gegen die Sicherheit eines Unternehmens Systems kann von Abteilung zu Abteilung unterschiedlich sein. Allerdings muss sich die Unternehmensorganisation um Schutz- und Schutz Fragen kümmern. Der Schwerpunkt dieses Buches liegt auf Penetration – ethischem Hacking. Wenn der externe oder interne Hacker eine Schwachstelle ausnutzt, führt dies zu einer Offenlegung. Es ist jedoch wichtig zu beachten, dass nicht jede Gefährdung das Ergebnis einer Verletzlichkeit ist. Beispiele für nicht gefährdete Exposition sind Wer ist und Port-Scanning. All dies wird im weiteren Verlauf des Buches besprochen.

Belichtung

Hierbei handelt es sich einfach um den Verlust, der durch eine durch einen Exploit verursachte Sicherheitsverletzung entsteht. Beispiele für Verluste, die während einer Exposition entstehen können, sind

Täuschung, Offenlegung, Usurpation und Störung. Das wichtigste Tool, das einem Angreifer Zugriff auf ein System gewährt, ist angreifbar. Sobald ein Angreifer diese Schwachstelle zu seinem Vorteil nutzen kann, indem er vertrauliche Informationen sammelt oder die Funktionalität des Systems stört, verwischt der Angreifer seine Spuren. Einige Sicherheitsprobleme, die nicht ernst genommen werden, können zu Sicherheitslücken führen. Die Sicherheitslücke kann es einem Angreifer leicht machen, auf Daten zuzugreifen, die im Widerspruch zur Zugriffskontrollliste (ACLs) stehen, und sogar einen Befehl als anderer Benutzer auszuführen oder einen Denial-of-Service-Angriff durchzuführen.

Element der Sicherheit

Unter Sicherheit versteht man den Zustand der Infrastruktur und Daten eines Systems. Wenn ein System ausreichend gesichert ist, wird die Möglichkeit eines Angriffs auf ein Minimum reduziert. Es ist jedoch wichtig zu beachten, dass es keinen absoluten oder vollständigen Systemschutz geben kann, da sich die Technologien täglich weiterentwickeln. Es gibt verschiedene Aspekte der Sicherheit. Das Vertrauen des Besitzers des Systems liegt darin, dass sich das System entsprechend seiner Spezialisierung verhält und das heißt Sicherheit.

Rechenschaftspflicht

Zu Beginn des Kapitels wurde erklärt, dass Unternehmen in einer vernetzten Umgebung arbeiten und dass aufgrund dieses Systems alle Benutzer und die verschiedenen Anwendungen in einer vernetzten Umgebung interagieren und daran teilnehmen. Aus diesem Grund wird von Systemadministratoren oder betroffenen Personen erwartet, dass sie die Personen im Auge behalten, die das System besuchen oder nutzen, sowie die Zeit und den Grund für die Nutzung des Systems. Um dies zu beurteilen oder zu berücksichtigen, kann ein Audit-Trail oder eine Protokolldatei verwendet werden. Dieser Prozess der Prüfung der

Anzahl der Personen, die das System besuchen oder nutzen, wird aufgerufen Rechenschaftspflicht

Wiederverwendbarkeit

Nicht alle Ressourcen werden allen Benutzern zur Verfügung gestellt. Das Unternehmen kann die Zugriffskontrolle auf vordefinierte Parameter programmieren, um das Sicherheitsniveau des Systems zu erhöhen. Zu den Sicherheitsaspekten, die auf dieser Betriebsebene von entscheidender Bedeutung sind, gehört die Wiederverwendbarkeit. Dies kann auch als Verfügbarkeit interpretiert werden. Hierbei handelt es sich lediglich um eine Situation, in der es dem Benutzer eines Systems nicht gestattet ist, Daten oder Objekte, auf die ein anderer Benutzer gerade zugreift, wiederzuverwenden oder zu manipulieren. Dadurch soll ein Verstoß gegen das System verhindert werden. Um einen Mehrwert aus den Systemressourcen zu ziehen, müssen alle Informationen und Prozesse genau konfiguriert werden. Die Genauigkeit ebnet den Weg für die Integrität des Systems. Diese beiden spielen eine entscheidende Rolle bei der Schaffung eines guten und sicheren Umfelds.

Dreieck aus Sicherheit, Funktionalität und Benutzerfreundlichkeit

Da sich die Technologie ständig weiterentwickelt, nimmt die Produktion von Computern und elektronischen Systemen zu. Die neu veröffentlichten Produkte sind in der Regel eher auf Benutzerfreundlichkeit als auf starke oder bessere Sicherheit ausgelegt.

Während der Systementwicklung Phase kümmern sich die Hersteller häufig nicht um den Grad der Verwundbarkeit oder die Sicherheit des Systems. Da die Systemhersteller sich dieses Aspekts des Systems nicht bewusst sind, bedeutet dies, dass eine Erhöhung der Standardsicherheit des Systems unbeabsichtigt zu einer Erhöhung des Kompetenzniveaus des Benutzers führen sollte. Dies ist jedoch in der Geschäftswelt nicht der Fall. Da die Systeme immer größer werden, steht der Systemadministrator vor immer größeren technischen Sicherheitsherausforderungen.

Die beiden wichtigsten Ursachen dafür sind Zeit und Geld. Die Zeit umfasst die Anzahl der Stunden bzw. die Zeit, die der Stromproduzent benötigen würde, um die Protokolldatei zu überprüfen, eine Schwachstelle zu erkennen und die erforderlichen Sicherheitspatches anzuwenden. Da sich die Hersteller nicht allzu sehr um die Sicherheit des Systems kümmern, hat dies zu einem Anstieg der Nachfrage nach engagierten Sicherheitsexperten geführt, die die Ressourcen der Informations- und Kommunikationstechnologie (IKT) ständig überwachen.

Das Wachstum des Hackings

In der Antike erforderte das Hacken Kenntnisse und Fähigkeiten, um den Computer über seinen vorgesehenen Verwendungszweck hinaus bedienen zu können. Um heute ein kompetenter Hacker zu werden, muss man jedoch wissen, wie man einige im Internet verfügbare Codecs und Tools verwendet. Die Verfügbarkeit von Hacking-Tools und -Codes im Internet hat es jedem leicht gemacht, ein Hacker zu werden. Meistens haben Hacker nicht einmal Hintergrundwissen darüber, wie der Computer funktioniert. Aus diesem Grund kommt es zunehmend zu Missbrauch in der Arbeit von Hackern. Wegen des Geldes und des Nervenkitzels, die der Beruf mit sich bringt, beginnen immer mehr Menschen mit dem Hacken. Viele Menschen sehen darin eine Möglichkeit, beliebte Einzelpersonen oder wohlhabende Unternehmen zu erpressen. Während die Zahl der schwarzen Hacker zunimmt, werden ethische Hacker zunehmend anerkannt.

Das Wachstum des Hackings begann mit dem Wissensdurst. Dieser Beruf wird überwiegend von Jugendlichen ausgeübt. Der Grund dafür liegt darin, dass das junge Alter von einem Forscherdrang erfüllt ist. Das spannende Gefühl, mehr über ein System wissen zu können als nur dessen herkömmliche Nutzung, treibt die Mehrheit in dieses Geschäft.

Einer der Faktoren, die zum Wachstum von Black-Hat-Hackern beigetragen haben, ist die mangelnde Bereitschaft des Opfers, den Vorfall zu melden, aus Angst, seine Kunden, Mitarbeiter, Marktanteile und seinen Geschäftswert zu verlieren. Wenn ein Opfer von einem Hacking-Fall berichtet, gibt die Gesellschaft dem Unternehmen mehr Schuld als dem Hacker. Viele glauben, dass es die Nachlässigkeit des Unternehmens ist, die es anfällig für Angriffe gemacht hat. Daher werden viele Opfer schweigen, um das Ansehen des Unternehmens zu wahren, selbst wenn das Ergebnis eines Hackerangriffs schwerwiegende oder irreparable Folgen hinterlässt.

Phasen der Sicherheit

Der Sicherheitsstufe umfasst die Phasen, die der ethische Hacker durchläuft, um das System zu schützen. Der ethische Hacker muss die Phase des Angriffs auf das System eines Unternehmens oder einer Einzelperson verstehen, bevor er einen Gegenmaßnahmenprozess einleitet. Dies gibt Ihnen eine Vorstellung davon, welche Maßnahmen Sie am besten ergreifen können, um einen Angriff zu überwinden. Im Allgemeinen gibt es fünf Angriffsphasen.

Aufklärung: Hierbei handelt es sich um einen Prozess, bei dem der Black-Hat- oder Grey-Hat-Angreifer Informationen über das Zielsystem sammelt. Der Aufklärungsprozess umfasst zwei Teile: den aktiven und den passiven Aufklärungsprozess. Der Angreifer nutzt beide Verfahren, um mehr über das Zielsystem herauszufinden.

Scan: In dieser Phase sucht der Angreifer nach Lücken oder Schwachstellen im Zusammenhang mit dem Ziel

Zugang bekommen: Sobald der Angreifer eine Lücke oder Schwachstelle im Zielsystem findet, nutzt er diese aus, um sich Zugriff auf das System zu verschaffen.

Zugriff aufrechterhalten: Dies ist eine Phase, in der der Angreifer den Zugang, den er oder sie zum Ziel erlangt hat, aufrechterhält, um das Ziel des Angriffs zu erreichen

Gleisabdeckung: Dies ist die letzte Phase eines Angriffs. In diesem Stadium löscht der Angreifer alle Spuren, die darauf hinweisen könnten, dass ein externer oder interner Zugriff stattgefunden hat.

Auswirkungen von Angriffen auf Unternehmen

Sobald der Angreifer Zugriff auf das System eines Unternehmens erhält, greift er zunächst auf alle auf dem Computer gespeicherten Dateien zu, darunter Finanzdaten, Kundeninformationen, Kreditkartennummern und andere wichtige Informationen. Der Zugriff auf diese Art von Informationen führt in der Regel zu schwerwiegenden Schäden für die Organisation. In den meisten Fällen nutzt der Angreifer dies, um Geld vom Unternehmen zu erpressen oder für böswillige Zwecke. Das Unternehmen würde nicht nur einen erheblichen finanziellen Verlust erleiden, sondern auch einen großen Schaden an seiner Glaubwürdigkeit und seinem Vertrauen erleiden.

Es gibt jedoch viele Möglichkeiten, wie ein Unternehmen dies vermeiden kann. Sobald dem Unternehmen die plausiblen Möglichkeiten bekannt sind, wie ein Angreifer auf das System zugreifen könnte, weiß das Unternehmen, dass es seine Sicherheit sehr ernst nehmen muss. Hier ist eine Auswahl der Ergebnisse der TruSecure-Forschung:

Im Jahr 2004 wurden Unternehmen Zeuge der sich schnell verbreitenden Würmer wie SQL Slammer, Blaster und Nachi, die Computer und Netzwerke nicht per E-Mail angreifen. *„Diese* *netzwerkfähigen Würmer sind Perimeter-Killer für Unternehmen. "Wir werden auch weiterhin die Auswirkungen von Massenmails sehen, insbesondere bei Heimanwendern* ", sagte Bruce Hughes, Leiter der Schadcode-Forschung bei TruSecure's ICSA Labs.

Es wird eine Zunahme von Zero-Day-Angriffen geben, also Angriffen, die durchgeführt werden, bevor ein Softwareanbieter einen Patch veröffentlichen kann, um bestimmte Schwachstellen zu schließen.

Es gibt so viele bekannte und unbekannte Schwachstellen in Linux, Microsoft und Internet Explorer, die noch nicht behoben wurden bemerkt Hughes. „*Irgendein Hacker wird vor dem Patch Exploit-Code veröffentlichen und denjenigen, die nicht darauf vorbereitet sind, erheblichen Schaden zufügen.*

"Es gibt einen erheblichen Anstieg schädlicher Software oder Malware, die absichtlich veröffentlicht und dann unwissentlich in P2P-Filesharing-Netzwerken (Peer-to-Peer) weitergegeben wird. Laut einer von Hughes durchgeführten Untersuchung waren beispielsweise 45 % der über KaZaA, damals die beliebtesten Programme zum Herunterladen kostenloser Dateien und Musik, gesammelten kostenlosen Dateien Viren, Trojaner-Programme und Hintertüren (Programme, die Schwachstellen schaffen). „„*Unternehmen müssen ihre Mitarbeiter vor Filesharing-Anwendungen und den Gefahren warnen, die sie für sie am Arbeitsplatz und zu Hause darstellen.*" rät Hughes.

Ein weiteres Problem ist das Aufkommen von Spyware-Programmen, die freie Software nutzen. Spyware kann die Web Nutzung zu Marketingzwecken überwachen und verfolgen und manchmal auch alles, was Nutzer sonst noch auf ihren Computern tun.

Es gibt eine kontinuierliche Zunahme von Malware, die offene Proxys auf Systemen installiert, insbesondere für Breitbandnutzer. Der Proxy verbirgt den wahren Ursprung von Angriffen, sei es durch Viren,

Würmer oder Spam. Viele Top-Viren des Jahres 2003 nutzten Taktiken, die es Spammern ermöglichten, E-Mails über diese Systeme zu versenden.

Positiv zu vermerken ist, dass TruSecure von der US-Regierung ein hartes Vorgehen gegen Vorschläge erwa . *„Die Regierung wird immer ernster und Microsoft setzt Kopfgelder auf Hacker ausWenn sie jemanden erwischen, der wichtig ist, wie der Autor Von Blaster oder Also Groß, werden sie ein Exempel statuieren und das Buch auf die Person werfen."*

Phase eins des Angriffs

Aufklärung
"

Dies ist die erste Phase des Angriffs. In dieser Phase sammelt ein Angreifer so viele Informationen wie möglich über ein Zielsystem, bevor er sich darauf vorbereitet, seinen Angriff zu starten. In dieser Phase plant der Angreifer die Strategie, die für den Angriff verwendet werden soll, und sammelt so viele Informationen wie möglich über das Zielsystem. Der Angreifer erfährt mehr über sein Ziel, indem er auf Wettbewerbsinformationen zurückgreift. Die Aufklärungsphase erfolgt grundsätzlich ohne Genehmigung des Unternehmens. Es umfasst Prozesse wie das Scannen externer oder interner Netzwerke.

Bei Aufklärungs Angriffen können auch Social Engineers beteiligt sein. Ein Social Engineer ist eine Person, die vorgibt, ein autorisierter Benutzer zu sein und andere davon überzeugt, Informationen wie Passwörter, Telefonnummern und andere vertrauliche Informationen preiszugeben. Da in der Aufklärungsphase keine Autorisierung für das System erfolgt, kann sich der Angreifer leicht als einer der autorisierten Benutzer des Unternehmens ausgeben.

Eine weitere während der Aufklärungsphase eingesetzte Technik ist das Müllcontainer Tauchen. Dabei wird der Papierkorb einer Organisation durchsucht, um herauszufinden, ob darin verworfene vertrauliche Informationen enthalten sind. Ein Angreifer kann das Internet leicht nutzen, um an Informationen zu gelangen, die von Geschäftspartnern des Unternehmens über Namen von Arbeitgebern und Arbeitnehmern bis hin zu anderen wichtigen Informationen reichen. Dumpster Diving liefert dem Angreifer vernünftig Informationen wie das Passwort des Systems, den Benutzernamen, Kreditkartenabrechnungen, Kontoauszüge von einem Geldautomaten und vieles mehr.

Arten der Aufklärungstechnik

Aufklärung wird grob in zwei Bereiche unterteilt: aktive und passive

Wenn ein Angreifer passive Aufklärung nutzt, um Informationen zu sammeln, greift er nicht direkt auf das System zu, sondern nutzt öffentlich zugängliche Informationen, Social Engineering und Müllcontainer tauchen, um an Informationen zu gelangen.

Aktive Aufklärung beinhaltet direkte Interaktion mit dem System. Hier kann der Angriff verschiedene Tools und Codes nutzen, um offene Ports, zugängliche Standorte, Netzwerkzuordnung usw. zu erkennen. Bevor ein Angreifer die aktive Aufklärung in Anspruch nimmt, stellt er häufig sicher, dass seine Aktivitäten nicht leicht erkennbar sind.

Es ist die Aufgabe des ethischen Hackers, alle mit jedem Typ verbundenen Aufklärung Techniken zu beherrschen, um zu wissen, wie man sich auf Gegenmaßnahmen vorbereiten kann, die das System vor Angriffen schützen.

Phase Zwei

Scan

Diese Phase kommt nach der Aufklärung. In dieser Phase nutzt der Angreifer alle während der Erkundung gesammelten Informationen, um

Schwachstellen zu ermitteln. Das Scannen kann als Erweiterung des aktiven Aufklärung Prozesses interpretiert werden. Es handelt sich um eine eingehende Untersuchung der in der ersten Phase gesammelten Details. In den meisten Fällen überschneiden sich Scannen und Aufklärung. Damit das Scannen erfolgreich ist, muss der Hacker die Aufklärungsphase durchlaufen haben. Die Aufklärungsphase bestimmt das Ergebnis, das in der Scan-Phase erzielt werden würde. Aus diesem Grund geht man davon aus, dass sich beide Phasen überschneiden.

Phase drei

Zugang bekommen

Hier entstehen in der Regel die meisten Schäden. Um einem Zielsystem Schaden zuzufügen, muss der Angreifer nicht unbedingt Zugriff auf das System haben. Beispielsweise kann der Angreifer den externen Denial-of-Service nutzen, um zu verhindern, dass das System das Ziel nutzt oder Ressourcen erschöpft. Dies kann leicht durch das Beenden von Prozessen wie Neu-Konfigurieren und Absturz des Systems oder durch den Einsatz einer Zeitbombe erreicht werden. Durch das Auffüllen ausgehender Kommunikationsverbindungen können Ressourcen lokal erschöpft werden.

Angreifer können eine Technik namens Spoofing nutzen, um das System auszunutzen und sich als einer der legitimen Benutzer auszugeben. Mit dieser Technik können sie Pakete mit einem Fehler an das Zielsystem senden, um mögliche Schwachstellen auszunutzen. Angreifer können auch eine andere Technik verwenden, die als Schlumpf Angriff bekannt ist. Sie nutzen dieses Medium, um Benutzer in einem Netzwerk dazu zu bringen, sich gegenseitig mit Daten zu überschwemmen, und auf diese Weise bleiben die Hauptangreifer anonym.

Phase vier

Zugriff aufrechterhalten

Sobald ein Angreifer Zugriff auf das System erhält, besteht der nächste Schritt darin, einen Weg zu finden, den Zugriff auf das Konto aufrechtzuerhalten. Wenn dies gelingt, kann der Angreifer das System nach Belieben nutzen. Der Angreifer kann entweder das System als Startrampe verwenden oder weiterhin andere Systeme erkunden oder sich unauffällig verhalten und das System weiterhin ausnutzen. Jede der beiden Formen der Zugriffserhaltung schadet dem System des Unternehmens.

In den meisten Fällen löscht ein Angreifer, der sich zurückhält, alle Beweise für seinen Zutritt und installiert eine Hintertür zum System, um wiederholt Zugriff auf das System zu erhalten. Der Angreifer kann sich auch dafür entscheiden, Rootkits auf der Hauptebene zu installieren, um vollen Administratorzugriff auf den Computer zu erhalten. Sowohl Trojaner als auch Rootkits erfordern, dass der Angreifer sie lokal verwendet. Trojaner können verwendet werden, um Namen, Informationen, Passwörter und alle anderen Details, die der Angreifer übertragen möchte, auf ein anderes Gerät seiner Wahl zu übertragen.

Phase Fünf

Spuren verdecken

Der Hauptgrund dafür, dass Angreifer ihre Spuren verwischen, ist die Aufrechterhaltung des Zugriffs, während sie unentdeckt bleiben. Um ihre Aktionen erfolgreich zu löschen, können Angreifer Trojaner oder Rootkits verwenden.

Arten von Hackerangriffen

Es gibt verschiedene Arten von Hackerangriffen, die in diesem Buch behandelt werden:

- Angriffe auf das Betriebssystem

- Angriffe auf Anwendungsebene

- Shrink-Wrap-Code-Angriffe

- Fehlkonfiguration Angriffe

Kapitelzusammenfassung

- Die Sicherheit des Unternehmens Systems ist von entscheidender Bedeutung.

- Das System eines Unternehmens, das Lücken oder Schwachstellen aufweist, bietet Raum für eine Bedrohung.

- Der Angriff erfolgt, wenn ein System anfällig für Bedrohungen ist.

- System Angriffe erfolgen in Phasen.

- Sobald der Angreifer Zugriff auf das System erhält, versucht er, diesen Zugriff aufrechtzuerhalten. Durch die Aufrechterhaltung des Zugriffs auf das System kann sichergestellt werden, dass der Angreifer das System nach Belieben nutzen kann.

- Die letzte Phase des Angriffs besteht darin, ihre Spuren zu verwischen. In dieser Phase versucht der Angreifer so gut es geht, seinen Zugang zum System zu verheimlichen. Der Angreifer löscht alle Anzeichen von Angriffen und versucht, das System in dem Zustand zu hinterlassen, in dem es vor dem Angriff war.

Kapitel Vier

Phase vor dem Angriff

Hier sind drei Hauptphasen vor einem Angriff beim Hacken: Footprinting, Scannen entkam, Angreifer verbringen in der Phase vor dem Angriff mehr Zeit als in der Angriffsphase. Tatsächlich wurde festgestellt, dass Angreifer 90 % ihrer Zeit in der Phase vor dem Angriff verbringen und nur 10 % in der Angriffsphase. Dies liegt zum Teil daran, dass der Erfolg der Angriffsphase vom Erfolg der Vorangriffsphase abhängt. Darüber hinaus umfasst die Phase vor dem Angriff die meisten Arbeiten, die für die Durchführung eines erfolgreichen Angriffs erforderlich sind. In diesem Kapitel werden die folgenden Gliederungen behandelt:

- Fußabdruck

- ErsteInformationenansLichtbringen

- Footprinting-Tools

Fußabdruck

Hierbei handelt es sich um eine methodische Methode zur Sammlung von Informationen über die Sicherheitsmaßnahmen einer Organisation oder eines Computersystems. Ein Footprint ähnelt dem Bauplan eines Gebäudes oder der strategischen Karte eines Standorts. Es enthält die Struktur und Typologie eines Systems oder einer Organisation. Dies ist ein wesentlicher Aspekt der Wiederanbringung Phase. Footprinting zeigt, dass das System umso anfälliger ist, je mehr Informationen ein Angreifer über ein Unternehmen oder System hat. Wenn das Footprinting durchgeführt wird, sind die im Footprint enthaltenen

Informationen gut organisiert. Wenn die Phase erfolgreich durchgeführt wird, ist das Ergebnis ein sehr einzigartiges und organisiertes Detail der Geschäfte oder des Systems des Zielunternehmens.

Footprinting kann für den Angreifer und den ethischen Hacker von großem Nutzen sein. Für den Angreifer können die gesammelten Informationen ein Sprungbrett sein, um die Angriffsmethode einzugrenzen. Im Gegensatz zu einem ethischen Hacker können diese Informationen als Ausgangspunkt für die Beurteilung der Verdienste des Angreifers dienen.

Bedeutung des Footprintings

● DerFootprintistnotwendig,dadieOrganisationderineinem bestimmten System verwendeten Technik entscheidend für den
Grad der Anfälligkeit des Systems ist.

● Footprintinghilftdabei,Informationenzuspeichern,diefürdie Systemtechniken und Organisationen notwendig sind.
● Bei der Ermittlung von Sicherheitsmaßnahmen kann das Footprinting eine sehr schwierige Aufgabe sein.
Wichtige Bereiche und Informationen, die Angreifer angreifen

Internet: Die Hauptbereiche, auf die sich Internet-Angreifer bei ihren Angriffen konzentrieren, sind:
● Domainname

● DieIP-AdressedeserreichbarenSystems

● Netzwerkstecker

● User Datagram Protocol (UDP) und Transmission Control Protocol (TCP)

- Zugriffskontrollliste(ACL)

- Systemarchitektur

- EinIntrusionDetectionSystem(IDS)

Fernzugriff: Zu den Aspekten, die beim Fernzugriff am anfälligsten sind, gehören:

- TypdesRemote-Systems

- Analoge/digitaleTelefonnummer

- Authentifizierungsmechanismus

Intranets: Zu den Bereichen, auf die Intranets häufig abzielen, gehören:

- InterneDomänennamen

- VerwendetesNetzwerkprotokoll

- DieIP-AdressedeserreichbarenSystems

- NetzwerkBlöcke

- TCP-undUDP-Dienstlaufen

- ACLs

- Systemarchitektur

- IDSläuft

Extranet: Zu den Aspekten, die unter Extranet häufig angegriffen werden, gehören:

- ArtderVerbindung

- UrsprungundZielderVerbindung

- Zugangskontrolle Mechanismus

Methodik zur Informationsbeschaffung

Die Methodik zur Informationsbeschaffung kann in sieben Gruppen unterteilt werden

1. EntdeckenSieersteInformationen.

2. Suchen Sie den Netzwerkbereich.

3. Aktive Maschinen ermitteln.

4. Entdecken Sie offene Ports/Zugangspunkte.

5. Betriebssysteme erkennen.

6. Entdecken Sie Dienste an Ports.

7. Ordnen Sie das Netzwerk zu.

Bevor ein Angreifer seinen Angriff startet, wird er zunächst erste Informationen ausfindig machen. Anschließend geht der Angreifer zum nächsten Schritt über, nämlich die Lokalisierung des anderen Netzwerkbereichs. Um den Netzwerkbereich zu lokalisieren, nutzt der Angreifer WHOIS oder Nslookup. Als nächstes springt der Angriff die Maschine an, um die aktive Maschine zu ermitteln. Anschließend verwendet der Angreifer Portscanner, um offene Ports oder Zugangspunkte zu entdecken; als nächstes erkennt der Angreifer das Betriebssystem durch Abfragen mit Telnets, entdeckt dann Dienste am Port und bildet schließlich das Netzwerk ab.

Alle oben genannten Schritte der Informationsbeschaffung werden im Rahmen des Footprintings durchgeführt. Unter Footprinting versteht man die Phase, die dem Angreifer einen Überblick über das Zielsystem verschafft. Außerdem eliminiert der Angreifer in dieser Phase die

Hacking-Methode, die für das Zielsystem möglicherweise nicht funktioniert, und gibt sich mit der Methode zufrieden, die seiner Meinung nach für das Ziel am besten geeignet ist. Footprinting hilft dem Angreifer auch dabei, seine Spuren zu verwischen, sodass kaum oder gar keine Spuren mehr zurückbleiben. Während das Footprinting als einer der Informationsbeschaffungsprozesse betrachtet wird, ist es einer der wichtigsten Schritte, über den erfahrene Hacker keine Witze machen.

Erste Informationen ans Licht bringen

Dabei handelt es sich um den Vorgang des Sammelns leicht verfügbarer Informationen über ein Ziel. Dabei können erste Informationen über das Ziel, wie etwa die URLs und der Domainname, aufgedeckt werden. Eine der einfachsten Möglichkeiten, nach Informationen zu suchen, besteht darin, den HTML-Quellcode (Hyper Text Markup Language) der Website zu verwenden, um Links, Kommentare und Meta-Tags zu sammeln. Beim Aufdecken erster Informationen kann der Angreifer jede dieser verfügbaren Medien nutzen, um an seine Informationen zu gelangen.

● EineWebseite,YahoooderandereVerzeichnisse

● VerschiedeneArtenvonSuchmaschinen

● ErweiterteSucheinSuchmaschinen

● SuchenachbörsennotiertenUnternehmen(z.B.EDGAR)

In der ersten Aufdeckung Phase geht es darum, Informationen über das Zielsystem zu beschaffen. Während dieses Vorgangs kann der Angreifer mit einem WHOIS-Client nach einer Domäne suchen und auch ein Nslookup durchführen. WHOIS ist einfach eine Abfragesuche, mit der Domänennamen und IP-Adressen im Internet ermittelt werden können. Sie unterscheidet sich von allen anderen Sucharten dadurch, dass sie zusätzliche Informationen in die Suche einbezieht. Zu diesen Informationen gehören der Servertyp, die DMOZ-Liste, der Website-Status und die Anzahl der Websites, die der Webserver hostet. Es gibt einige WHOIS-Suchen, die eine umgekehrte Information liefern. Dadurch kann der Hacker eine bekannte IP-Adresse auf seinen Server zurückführen. Es gibt fünf Arten von regionalen Internet Registern (RIRs). Die RIR WHOIS-Datenbanken befinden sich unter:

1. AmerikanischesRegisterfürInternetnummmern(ARIN)

2. AsiaPacificNetworkInformationCenter(APNIC)

     3. Lateinamerikanisches und karibisches Internet-Adressregister (LACKNER)

        4.Europäisches Netzwerk Koordinierungszentrum für IP-Netzwerke (RIPE NCC)

5. AfrikanischesNetzwerk-Informationszentrum(AfriNIC)

Footprinting durch eine Baustelle

Dies ist eine weitere Möglichkeit für einen Hacker, den Footprinting-Prozess durchzuführen. Durch das Footprinting auf Baustellen werden Informationen über die Infrastruktur eines Unternehmens gesammelt. Ein Angreifer kann dieses Medium verwenden, um an Informationen zu gelangen, die von der Software und Hardware des Unternehmens bis hin zu anderen relevanten Informationen über das Unternehmen reichen. Wenn ein Unternehmen beispielsweise die Stelle eines Netzwerkadministrators ausschreibt, veröffentlicht es alle mit der Stelle verbundenen Anforderungen. Ein Angreifer kann diese Informationen leicht nutzen, um mehr über den Betrieb des Unternehmens und seine Infrastruktur zu erfahren. Dieser einzigartige Akt wurde genutzt, um in die Details eines Unternehmens einzudringen.

Passive Informationsbeschaffung

Bei der passiven Informationserfassung handelt es sich um einen Organisationstest, der in der Regel von der Organisation durchgeführt wird, um das aktuelle Sicherheitsniveau eines bestimmten Systems im Unternehmen zu verstehen. Da in den meisten Organisationen die Systeme in der Regel miteinander verbunden sind, kann ein Unternehmen mit dem Organisationstest prüfen, ob eine Sicherheitslücke besteht. Dies kann sowohl passiv als auch aktiv erfolgen.

Footprinting-Tools

Hier ist eine Liste einiger Tools, die Hacker in der Footprint-Vorangriffsphaseverwenden.BeijederArtvonFußabdruck sind Werkzeuge anwendbar oder werden darunter verwendet. Das erste Werkzeug, das in Betracht gezogen würde, ist;

Sensepost Footprint Tools 3

Sensepost bietet Schulungen, Sicherheitsbewertungen und Beratungsdienste an. Sie entwickelten ein Tool namens BIDI BLAH. Der Prozess der Sicherheitsbewertung Tools dieser Art umfasst:

● Fußabdruck

● Informationsbeschaffung

● Fingerabdrücke

● Targeting

● EntdeckungvonSicherheitslücken

● Penetration

Das unter BiDi BLAH verwendete Tool umfasst:

● MicrosoftNETFramework

● Ein gültiger Google-API-Schlüssel für   die
Subdomain-Erkennung
● Nessus-ServeroderLoginfürNessus

● Funktionalität MetaSploit Framework
Metasploit-Funktionalität für

Großer Bruder

Dabei handelt es sich um ein Webseiten System und eine Netzwerk Überwachungslösung. Es bietet ein hoch skalierbares, anpassbares und einfach zu wartendes System mit geringem Platzbedarf zur Überwachung der Echtzeit- Verfügbarkeit von Netzwerkgeräten und Servern.

ErweiterteVerwaltungstools

Diese Tools dienen dazu, detaillierte Informationen und den Verfügbarkeitsstatus für lokale Computer und Netzwerke zu sammeln. Zu den erweiterten Verwaltungstools gehören die folgenden Funktionen:

● Portscanner

● Proxy-Analysator

● RBL-Locator

● CGI-Analysator

● E-Mail-Verifizierer

- Linkanalysator

- Netzwerkmonitor

- Prozessmonitor

- WER IST

- System Information

- Ressourcen Betrachter

Wikto

Die folgenden Funktionen finden Sie unter Wikto

● Webserver-FingerprintingmitHTTPrintvonNet-Square

● ErkennungindexierbarerDirektorenimBackEnd

● Verzeichnis-undLinkextraktionausSpiegelnmitHTTrack

● IntegrierteSSL-UnterstützungfürWiktoundBackEndMiner

● AktualisierungenderNikto-undGoogleHack-Datenbankenmit
einem Klick

Kapitelzusammenfassung

- Die Phase vor dem Angriff besteht aus drei Phasen: der Footprinting-, Scan- und Aufzählungsphase.

- Beim Footprinting handelt es sich um eine Schritt-für-Schritt-Methode, mit der ein Angreifer Informationen über ein Unternehmen sammelt.

- Ein Hauptgrund dafür, dass Footprinting notwendig ist, besteht darin, dass die Organisation der in einem bestimmten System verwendeten Technik entscheidend für den Grad der Anfälligkeit des Systems ist.

Kapitel fünf

Scan

Im letzten Kapitel wurden die drei wichtigsten Phasen vor dem Angriff aufgelistet. Zu diesen Phasen vor dem Angriff gehört das Scannen. Sobald ein Angreifer Zugriff auf das System erlangt und die Footprinting-Phase inklusive Aufklärung durchgeführt hat, ist die nächste Aktion das Scannen. Das Scannen ähnelt der Aufklärung, ist jedoch eine erweiterte Form der Aufklärung. Es baut auf den Informationen auf, die der Angreifer in der Footprinting-Phase sammeln konnte. In diesem Kapitel wird zunächst erläutert, was Scannen ist und welche Methode zum Scannen verwendet wird.

Was ist Scannen?

Das Scannen ist nach dem Footprinting die nächste wichtige Phase. In dieser Phase validiert der Angreifer die Informationen, die er über die IP-Adressen gesammelt hat, die er während des Footprinting-Prozesses erhalten hat. Der Angreifer erhält außerdem weitere Informationen über das Betriebssystem des Ziels und den auf jedem Computer ausgeführten Dienst. Das Hauptziel des Scannens besteht darin, ausnutzbare Kanäle zu erkennen und so viele Zuhörer wie möglich zu untersuchen. Das Ziel des Angreifers besteht in diesem Zeitraum darin, einen Kanal oder Wege zu finden, um in das Zielsystem einzudringen. Die während der Scan-Phase erhaltenen Ergebnisse dienen dem Angreifer als Grundlage für seine Angriffsstrategien. Es gibt verschiedene Arten des Scannens; Sie beinhalten:

● Port-Scanning

● ScannenimNetzwerk

● ScannenvonSchwachstellen

Port-Scanning: Der Angreifer stellt eine Verbindung zu den TCP- und UDP-Ports auf dem Zielsystem her, um durch das Senden einiger Nachrichten festzustellen, ob der Port auf dem System ausgeführt wird. Es gibt zwei Ergebnisse, die der Angreifer aus diesem Zustand erhalten kann. Es handelt sich entweder um die Systeme, die sich im laufenden Zustand oder im Überwachungszustand befinden. Der Überwachungsstaat verrät das verwendete Betriebssystem und die verwendete Anwendung. Normalerweise gewähren falsch konfigurierte Systeme im Abhör Zustand unbefugten Benutzern Zugriff. Das Ausführen von Software mit Schwachstellen ermöglicht auch unbefugten Zugriff.

Netzwerk-Scannen: Dies ist die Phase, in der ein Angreifer versucht, die aktiven Hosts auf der Plattform zu identifizieren. Dies kann entweder darin bestehen, sie als Teil der Netzwerksicherheit zu kennzeichnen oder sie anzugreifen.

Schwachstellenscan: Dies ähnelt der im zweiten Kapitel dieses Buches erläuterten Verwundbarkeit und Bedrohung. Beim Schwachstellen Scannen wird ein System auf Lücken überprüft. Ein Schwachstellenscanner kann sich auf die Entdeckung von Lücken in Directory-Traversal-ExploitsoderBackup-Dateienkonzentrieren.

Wenn ein Dieb in ein Haus einbrechen möchte, wird er oder sie nach Schwachstellen wie Fenstern und Türen Ausschau halten. Ebenso sucht ein Angreifer auf einem Computer nach Zugangspunkten an Ports. Ports sind die Türen und Fenster der Schwachstelle im Computersystem. Je offener also der Port am Computer ist, desto anfälliger ist er für Angreifer

Ziel des Scannens

1. UmdaslaufendeLive-SystemineinemNetzwerkzuermitteln

2. Um die Anzahl der geöffneten Ports zu ermitteln. Der Angreifer entwickelt seine Angriffsstrategien basierend auf der Anzahl der geöffneten Ports.

3. Um das Betriebssystem in einem Netzwerk herauszufinden. Der Angreifer formuliert seine Strategien basierend auf dem Ausmaß der Schwachstelle des Betriebssystems. Dies wird auch als Fingerabdruck bezeichnet.

4. Um die Dienste zu ermitteln, die auf dem Zielsystem ausgeführt werden oder darauf lauschen.

5. UmdieIP-AdressedesZielsystemsherauszufinden

Methodik zum Scannen

Damit ein Angreifer ein System erfolgreich scannen kann, muss er bestimmte Reihenfolgen oder Schritte befolgen. Zu diesen Schrittfolgen gehören:

● Live-Systemcheck

● PortPrüfungöffnen

● FingerabdruckdesBetriebssystems

● SuchenSienachSchwachstellen

● UntersuchenSiedasNetzwerk

Schritt eins: Live-Systemprüfung

Es gibt verschiedene Methoden, mit denen ein Angreifer Live-nach Systemen suchen kann. Zu diesen Methoden gehören:

● Ping-Sweep

Dies wird auch als ICMP-Sweep bezeichnet und ist eine der langsamsten und ältesten Methoden zum Scannen eines Netzwerks. Dabei handelt es sich um eine grundlegende Netzwerk-Scan-Technik, mit der ermittelt wird, welcher IP-Adressbereich live gehostet werden soll. Es teilt dem Benutzer mit, ob ein bestimmter Live-Host auf dem Computer vorhanden ist oder nicht. Wenn eine bestimmte Adresse aktiv ist, wird sie als ICMP-ECHO-Antwort zurückgegeben.

- ICMP-Scannen

ICMP-Scanning ist ein Prozess, bei dem alle erforderlichen Informationen über ein System gesammelt werden. Es wird verwendet, um die Anzahl der aktiven Hosts in einem Netzwerk zu ermitteln.

Schritt zwei: Suchen Sie nach offenen Ports

Die verschiedenen Methoden in diesem Schritt umfassen:

● Dreier-Handschlag

TCP ist verbindungsorientiert; dies bedeutet, dass vor der Datenübertragung der erforderliche Verbindungsaufbau durchgeführt wird. Die Durchführung der Verbindung wird mit Hilfe des Drei-Wege-Handshakes ermöglicht. Der mit der Aufführung verbundene Prozess wird unten hervorgehoben:

1. Die Quelle (Computer A) sendet ein SYN-Paket an das Ziel (Computer B), um eine TCP-Verbindung herzustellen.

2. Beim Empfang des von der Quelle gesendeten SYN-Pakets startet das Ziel die TCP-Sitzung, indem es ein SYN/ACK-Paket zurück an die Quelle sendet.

3. Dieses SYN/ACK-Paket bestätigt die Ankunft des ersten SYN-Pakets bei der Quelle.

4. Abschließend sendet dieQuelleeinACK-PaketfürdasvomZiel gesendete SYN/ACK-Paket.

- TCP-Kommunikation Flag

Dies wird verwendet, um den TCP-Paket-Header zu überwachen, der das Flag überwacht. Es regelt die Verbindung zwischen Hosts und wird zur Anweisung an das System verwendet. Zu den Funktionen der Flagge gehören:

SYN – Alias synchronisieren: Initiiert eine Verbindung zwischen Hosts

ACK –Bestätigungsemail: Stellt eine Verbindung zwischen Hosts her

PSH – Push-Alias: Das System nimmt Anfragen an und leitet gepufferte Daten weiter

URG – Dringender Alias: Weist an, dass in Paketen enthaltene Datensoschnellwiemöglichverarbeitetwerden

FIN – Alias beenden: Kommuniziert mit dem Remote-System, um die Verbindung zu schließen

RST – Alias zurücksetzen: Setzt eine Verbindung zurück

Scanmethoden

SYN Stealth/Half-Open Scan

Da das IDS zur Erkennung eines TCP-Verbindung Scans verwendet werden kann, verwendet ein Hacker eine Technik namens

„Half-Opening-Scanning", um der Erkennung zu entgehen. Der Name „Half Opening" kommt daher, dass Hacker eine vollständige TCP-Verbindung nicht vollständig öffnen. Was der Angreifer tut, ist, ein SYN zu senden, um eine Verbindung herzustellen, indem er vorgibt, eine echte Verbindung herzustellen, und auf eine Antwort wartet. Während der Angreifer auf eine Antwort wartet, zeigt eine SYN/ACK-Antwort an, dass der Port lauscht. Eine RST-Antwort zeigt an, dass kein Listener vorhanden ist. Wenn der Angreifer als Antwort ein SYN/ACK erhält, würde er oder sie sofort ein RST senden, um die Verbindung abzubauen. In den meisten Fällen erledigt der Kernel dies für den Angreifer. Der Hauptgrund für die Verwendung dieser Art von Scan-Methode besteht darin, die Anzahl der mit dem System verbundenen Standorte auf ein Minimum zu reduzieren.

DER SYN/ACK-SCANNER

Bei dieser Scanmethode besteht das Potenzial, eine große Menge falsch positiver Ergebnisse zu registrieren. Bei der ersten betrachteten Scan-Methode wurde festgestellt, dass an einen geschlossenen Port gesendete Pakete mit SYN/ACK-Kennzeichnung eine RST-Antwort hervorrufen, während ein an ein offenes Paket gesendetes SYN/ACK-Paket keine Antwort hervorrufen würde. Der Grund für diese Art von Reaktion liegt darin, dass das TCP einen SYN-Flag benötigt, um eine Verbindung zu initiieren. Das SYN/ACK-Scanner funktioniert nach einem anderen Muster. Bei dieser Art von Scan-Methode können durch Netzwerkverkehr, Filtergeräte und Zeitüberschreitungen verworfene Pakete zu einer falschen Anzeige eines offenen Ports führen. Die SYN/ACK-Methode ist sehr effektiv bei der Vermeidung der Drei-Wege-Handshake-Methode.

STEALTH-SCAN

Die Stealth-Scan-Methode implementiert die Drei-Wege-Handshake-Methode. Der einzige Unterschied besteht darin, dass in der letzten Phase der Remote-Port identifiziert wird, indem die Verbindung beendet wird, bevor eine neue Initiierung ausgelöst wird, und indem das Paket untersucht wird, das in die Schnittstelle gelangt. Der Kaminsims-Scan wird wie folgt durchgeführt:

Weiterleiten eines SYN-Pakets an den Zielserver am entsprechenden Port, um die Initialisierung zu starten.
Abhängig von der Antwort Heimat der Server den Scanvorgang aus.

Der Port ist geöffnet, wenn die Antwort eine SYN/SYN/ACK-Antwort ist
Um die Verbindung vollständig zu öffnen, sendet der Angreifer ein RST-Paket.

WEIHNACHTS SCANNEN

Dies ist eine Methode zum Scannen einer großen Datei, um herauszufinden, welcher Host aktiv ist und welcher Dienst angeboten wird. Diese Methode funktioniert nur für den UNIX-Test und basiert auf dem BSD-Netzwerkcode. Es handelt sich um eine Technik zur Erklärung aller TCP-Flag-Sets. Allerdings funktioniert es nicht mit Windows NT. Beim XMAS-Scannen wird ein TCP-Frame mit gesetztem ACK-, RST-, SYN-, URG-, PSH- und FIN-Flags an ein Remote-Gerät gesendet. Wenn eine Nachricht an einen geschlossenen Port gesendet wird, antwortet der geschlossene Port mit dem Senden eines RST-Flags an den XMAS-Scan. Diese Methode funktioniert nur für die UNIX-Plattform; es vermeidet jedoch den IDS- und TCP-Drei-Wege-Handshake.

FIN-SCAN

Hierbei handelt es sich um eine Scanmethode, die versucht, Schwachstellen im BSD-Code zu ermitteln. Sie ähnelt der SYN/SYN/ACK-Methode, verwendet jedoch eine inverse Zuordnung, um zu bestimmen, ob der Port offen oder geschlossen ist. Wenn der Port geschlossen ist, antwortet er außerdem mit einem RST auf das Sonderpaket. Wenn es jedoch geöffnet ist, wird das betreffende Paket ignoriert. Da viele Betriebssysteme auf BSD basieren oder davon abgeleitet sind, ist das Ergebnis des Scans recht gut. Die meisten Betriebssysteme haben jedoch Patches zur Behebung des Problems installiert. Dennoch besteht weiterhin die Möglichkeit, dass ein Angreifer auf ein System stößt, auf dem diese Patches nicht installiert wurden.

Kriegswahl

Hierbei handelt es sich um eine Methode zur Ausnutzung der Telefon- oder Nebenstellenanlage (PBX) einer Organisation, um die Verbindung oder das Netzwerk des Systems zu infiltrieren und sein Computernetzwerk zu missbrauchen. Die Relevanz dieses Aspekts für ethisches Hacking besteht darin, dass Modems immer noch unsicher sind, obwohl Geräte zur Entwicklung von Internet-Einbrüchen aus Schusswaffen bestehen. Der War-Dialer ist nicht dasselbe wie der Daemon-Dialer. Daemon Dialer wird verwendet, um einen großen Pool von Telefonnummern anzusprechen, während War Dialer schlanker ist und sich auf eine einzelne Telefonnummer konzentriert. Der Dialer wird normalerweise verwendet, um Faxe, besetzte Töne, Stimmen und Anomalien zu erkennen, die in der TK-Anlage einer Organisation gespeichert sind. War Dialing kann auch für Folgendes verwendet werden:

Ermitteln Sie anfällige Modems, um diese zu sichern

Überprüfen Sie den aktuellen Status eines Modems

Finden Sie ungenutzte Telefonleitungen in einer Telefonanlage heraus

Finden Sie falsch konfigurierte Remotezugriffsserver usw. heraus.

Fingerabdrücke von Bediengeräten

Dies ist ein Verfahren, das häufig verwendet wird, um herauszufinden, welche Betriebssysteme auf einem Zielsystem funktionieren. Angreifer verstehen den Nutzen dieses Prozesses und machen sich nicht damit eins. Mit Fingerprinting-Geräten lokalisiert der Angreifer das Bediengerät des Zielsystems. Der Angreifer kann seine Angriffsstrategien formulieren, indem er das Betriebssystem eines Zielsystems als Ausgangspunkt nutzt. Die Ermittlung des Hosts des Bediengeräts erfolgt üblicherweise als Banner-Grabbing-Methode. Banner-Grabbing kann auf zwei verschiedene Arten eingesetzt werden; die erste besteht darin, die Binärdatei herunterzuladen und damit die beim Entwurf des Betriebssystems verwendete Architektur zu überprüfen. Die zweite Möglichkeit besteht darin, das Banner zu finden, während versucht wird, eine Verbindung zu einem Server herzustellen.

Banner-Grabbing ist eine Methode zum Fingerabdruck eines Bediengeräts und nicht so weit fortgeschritten wie das Stapeln von Abfragen. Das Stapeln von Abfragen ist komplexer und direkter als das Banner-Grabbing. Dabei handelt es sich einfach um eine Technik, mit der Angreifer Paketdaten an einen Host übertragen und ihren Angriff auf der Grundlage der auf die Nachricht erhaltenen Antwort planen. Es gibt zwei Arten des Fingerabdrucks: den aktiven und den passiven.

Kapitelzusammenfassung

- Das Scannen ist die Phase, die nach der Footprinting-Phase folgt.

  Der Angreifer überprüft die Qualität der Informationen, die er in
- der Scan-Phase gesammelt hat.

Kapitel Sechs

So prüfen Sie das Netzwerk

Sein Kapitel ist eine Fortsetzung der fünf Schritte, die im vorherigen Kapitel aufgeführt wurden; es handelt sich um eine detaillierte Erklärung, wie ein Netzwerk mithilfe eines Proxys untersucht wird. Wie die anderen Aspekte, die in diesem Buch betrachtet wurden, wird dieser Aspekt aus der Sicht des Angreifers betrachtet. Das Kapitel behandelt die unten aufgeführten Grundzüge:

● VorbereitendesProxys

● Anonymisierer

● Anonymsurfen

● SpoofingvonIP-Adressen

● Werkzeuge

Vorbereiten des Proxys

In einer einfachen Definition ist ein Proxy ein Netzwerk Computer, der als Vermittler für andere Computer verwendet werden kann. Der Proxy ist ein Netzwerksystem, das als Vermittler zwischen zwei Servern fungiert. Der Server, für den der Proxy verwendet wird, dient normalerweise dem unten aufgeführten Zweck:

● AlsFirewalldientderProxydazu,denlokalenComputervor externen Störungen oder Angriffen zu schützen

● Als Multiplexer von IP-Adressen. Dies geschieht in einer Situation, in der der Benutzer nur eine IP-Adresse hat; der Proxy dient dazu, mehrere Computer mit dem Internet zu verbinden.

● DerProxydientauchdazu,denComputervorHackerangriffen zu schützen.

● UmdasSystemvonunerwünschtenInhaltenzutrennen

Ein Proxy auf Leitungs- oder Anwendungsebene ist ein Programm auf einem Firewall-System zwischen zwei Proxys. Bevor ein Benutzer über einen Proxy eine Verbindung zu einem Ziel herstellen kann, muss er zunächst eine direkte Verbindung zum Proxy-Netzwerk herstellen. In diesem Fall vermittelt der Proxy die Verbindung im Namen des Benutzers. Während dieses Vorgangs empfiehlt der Proxy die gesamte Kommunikation zwischen dem Client und dem Zielsystem. Bevor ein Benutzer jedoch vom Proxyserver profitieren kann, muss das Programm so konfiguriert werden, dass es direkt an den Proxy-Server gesendet wird, bevor es das endgültige Ziel oder Zielsystem erreicht.

Verwendung von Proxys für Angriffe

Zwar gibt es viele Proxys, die für einen einfachen Zugriff verfügbar sind, ein Proxyserver kann jedoch verwendet werden, um die tatsächliche IP-Adresse und alle anderen Informationen vor der Website zu verbergen. In diesem Fall wird der Proxy-Server anonym genutzt. Es gibt zwei Arten von anonymen Proxys. Das erste besteht darin, anonyme, nicht anonyme Proxys zu verwenden.

HTTP_X_FORWARDED_FOR62.64.175.55,194.72.9.37,

Dadurch erhalten wir die erste IP-Adresse des vom Benutzer verwendeten Servers und die zweite IP-Adresse als IP-Adresse des Proxyservers. Die zweite Möglichkeit besteht darin, einen anonymen Proxy zu verwenden:

HTTP_X_FORWARDED_FOR66.51.107.3,

Im Gegensatz zum ersten wird hier nur die IP-Adresse des Proxyservers angezeigt.

Anonymisierer

Hierbei handelt es sich lediglich um Dienste, die dazu dienen, das Surfen im Internet anonym zu machen. Der erste Anonymisierer wurde 1997 von Lance Cottery entwickelt und heißt anonymizer.com. Ein Anonymisierer wird verwendet, um alle identifizierenden Informationen vom Computer eines Benutzers zu löschen, während der Benutzer im Internet surft. Es verbirgt die Identität des Benutzers und alle vom Benutzer gesammelten Informationsquellen. In den meisten Fällen erstellt der Anonymisierer eine anonyme URL für den Benutzer. Die URL ähnelt dieser;

http://anon.free.anonymizer.com/http://www.yahoo.com/

Der Anonymizer ist ein unter Hackern sehr verbreitetes Tool. Es dient im Wesentlichen dazu, zu verhindern, dass Organisationen oder Systemadministratoren feststellen, dass ihr System kompromittiert wird.

Anonymisierer verbergen die Aktivitäten der Hacker. Nachdem eine Website einem anonymen Zugriff unterzogen wurde, wird jede andere Website oder jeder Link, der besucht wird, automatisch anonymisiert. Einige Anonymisierer können zum Anonymisieren von File Transfer Protocol (FTP), Web (HTTP) und Gopher verwendet werden. Um eine Seite anonym zu nutzen, kann der Benutzer einfach auf die Anonymisierung Website gehen und den Namen der Website eingeben, die er anonym besuchen möchte. Es gibt jedoch einige Einschränkungen, wie weit ein Anonymisierer gehen kann. Zu diesen Einschränkungen gehören:

● Deaktivierung der JavaScript-Sprache mit URL-basiertem Anonymisierer

- Anonyme Websites können behaupten, kein Abfrageprotokoll zu haben

- Wenn eine aufgerufene Site ein Plug-in eines Drittanbieters aufruft, gibt es keine Garantie dafür, dass keine unabhängigen direkten Verbindungen vom Benutzer Computer zu einer Remote-Site hergestellt werden.

  Jede Java-Anwendung, auf die über einen Anonymisierer

- zugegriffen wird, kann die Java-Sicherheitsmauer nicht umgehen.

Anonym surfen

Dies geschieht durch die Verwendung von Proxy-Daten, die leicht im Internet zu finden sind.

HTTP-Tunneling

Bei diesem Vorgang werden Beiträge an einen HTTP-Server gesendet und eine Antwort empfangen. Es wird häufig verwendet, um die Sicherheits Firewall zu umgehen. Mit der Tunneltechnik können folgende Aufgaben gelöst werden:

● ZumStreamenvonAudiosundVideos

● ZurÜberprüfungderEinbruchserkennungWarnung

● FürRemoteprozeduraufrufezurNetzwerkverwaltung

● ZudenzweigrundlegendenSchrittenderTechnikgehören:

● KommunikationzwischenServerundClient

● Client-zu-Server-Kommunikation

Tunnel Erstellung und -zerstörung

Das TUNNEL OFFENES Paket wird gesendet, wenn eine TCP-Verbindung geöffnet wird. Das TUNNEL CLOSE-Paket wird jedoch auf der entsprechenden GET- oder POST-HTTP-TCP-Verbindung gesendet, wenn die getunnelte TCP-Verbindung (im Gegensatz zu den HTTP-TCP-Verbindungen) geschlossen wird. HTTP-Tunneling unterstützt die Verwendung von HTTP-Proxys. Der Standard-HTTP-Tunnel-Server und -Client können jeweils nur eine Verbindung verarbeiten. Bei der Verwendung von HTTP-Tunneling mit HTTP-Proxys werden TCP-Verbindungen zu den Proxys hergestellt, die wiederum eine HTTP-Anfrage an den HTTP-Server stellen. Der Server befindet sich im Feld „Host" im HTTP-Header. Sollte der Proxy eine Berechtigung für den Zugriff auf den Server benötigen, liefert dies der Base64-codierte Benutzername und das Passwort im Feld HTTP-Proxy-Autorisierung.

Spoofing von IP-Adressen

Beim Spoofing der IP-Adresse gibt sich der Hacker als IP-Adresse des lokalen Hosts aus und nutzt die Vertrauensbeziehung bei der Datenübertragung aus. Dies sind die drei grundlegenden Schritte zur Durchführung eines IP-Spoofings

● Wählen Sie einen vertrauenswürdigen Host-Computer aus, dessen IP-Adresse leicht gefälscht werden kann

● DeaktivierenSiedieIP-AdressedesHostsundbearbeitenSie das TCP wie gewünscht

● Verwenden Sie das TCP des Hosts, um eine Verbindung anzufordern

So fälschen Sie IP-Adressen mithilfe von Quell Routing

Source Routing ist eine Technik, mit der Hacker den Pfad eines Datenpakets von der Quelle bis zum endgültigen Ziel verfolgen. Hacker nutzen diese Methode auch, um eine IP-Adresse zu fälschen. Im Folgenden finden Sie die Schritte zum Spoofing mit Quell-Routing:

Positionierung eines Angreifers auf dem Weg, den der Datenverkehr normalerweise nimmt, um vom Zielsystem zur Hauptquelle zu gelangen
Geben Sie genau an, welchen Weg ein Paket durch das Internet nehmen würde
Die Funktionen des Source-Routing-Prozesses sind in die
TCP/IP-Protokoll Suite integriert
Ein Benutzer kann beim Quell-Routing bis zu acht IP-Adressen angeben

Ein Angreifer kann ein Paket mit einer gefälschten Adresse an ein Ziel senden. Er oder sie würde jedoch das Loose Source Routing einbeziehen und seine oder ihre IP-Adresse in die Liste aufnehmen.

Wenn dies gesendet wird und der Empfänger antwortet, wandert das Paket zuerst zum Computer des Angreifers, bevor es an die gefälschte Adresse geht.

Das Quell-Routing ist in zwei große Typen unterteilt:

Lose Quellenführung

Beim Loose Source Routing sendet der Angreifer oder Benutzer die Liste der IP-Adressen, die das Paket oder der Datenverkehr passieren muss.

Strict-Source-Routing

Der Benutzer gibt den tatsächlichen Pfad an, den das Paket oder der Datenverkehr nehmen muss.

Gegenmaßnahmen beim Scannen

Es gibt verschiedene Möglichkeiten, Scan-Gegenmaßnahmen zu ergreifen. Diese Möglichkeiten werden im Folgenden hervorgehoben:

Die Firewall muss in der Lage sein, eine sinnvolle Prüfung durchzuführen, wenn sie mit einem bestimmten Regelsatz arbeitet. Es muss gut genug sein, um alle vom Angreifer zum Scannen des Netzwerks gesendeten Sonden erkennen zu können.

Es sollte eine Netzwerkerkennung Methode vorhanden sein, mit der die von Tools wie Nmap verwendete Betriebssystem-Erkennungsmethode erkannt werden kann.

Wenn das System ein UNIX verwendet, gibt es mehrere, mit denen ein solcher Angriff erkannt und protokolliert werden kann. Ein gutes Beispiel ist Scanlogd.

Es sollten keine Ports offen bleiben, außer wenn sie benötigt werden. Wenn der benötigte Port von anderen bezogen wird, sollten diese gefiltert werden.

Zur Erkennung von Post-Scans können Erkennungen wie Genius für Windows 95/98 und Windows NT 4.0 verwendet werden

Werkzeuge

Live-System-Scan-Tools

Wütende IP-Scanner

Dies ist ein Windows-Scanner, mit dem IP-Adressen beliebiger Bereiche gescannt werden können. Der Binärdatei-Scan des wütenden

IP-Scanners ist im Vergleich zu anderen IP-Scannern klein. Der wütende IP-Scanner pingt jede IP-Adresse an, um zu überprüfen, ob das System noch funktioniert. Es kann zum Scannen von Ports und zum Auflösen von Hostnamen verwendet werden. Zu den weiteren Funktionen dieses Tools gehören die Bereitstellung von NetBIOS-Informationen wie Arbeitsgruppennamen, Computernamen, MAC-Adressen und die Namen aktuell angemeldeter Benutzer. Das Tool kann auch zum Sammeln von Informationen über gescannte IPs verwendet werden.

Feuerlauf

Hierbei handelt es sich um ein aktives Netzwerkadressierung Tool zur Aufklärung, mit dem die Schicht 4 (TCP oder UDP) bestimmt wird, die von einem bestimmten IP-Weiterleitung Gerät verwendet werden würde. Dies erfolgt durch Weiterleiten eines Pakets mit einer TTL, die um einen Wert größer ist als die des Ziel-Gateways. Das Paket wird weitergeleitet, wenn der Fluchtweg den Verkehr zulässt. Damit ein Benutzer jedoch die Gateway-Antwort zum Abrufen von Informationen verwenden kann, muss er oder sie diese beiden Dinge kennen: die IP-Adresse des Hosts, der sich hinter der Firewall befindet, und die IP-Adresse des letzten bekannten Gateways. Während Letzteres als Maß für den Angreifer dient, wird Ersteres als Ziel für die Steuerung des Paket Flusses verwendet, wenn keine Antwort eingeht. Mit dieser Technik kann der Angreifer verschiedene Angriffe zur Informationsbeschaffung durchführen.

Port-Scan-Tools

Nmap

Dabei handelt es sich um ein Port-Scan-Tool, das mehr als ein Dutzend Möglichkeiten zum Scannen eines Netzwerks unterstützt. Einige Scan-Techniken, die in diesem Aspekt verwendet werden, umfassen UDP, TCP SYN (halboffen), TCP connect(), FTP-Proxy (Bounce-Angriff), ICMP (Ping-Sweep), Reverse-Ident, FIN, Xmas,

ACK-Sweep, IP, SYN-Sweep und Null-Scan. Es bietet außerdem zahlreiche erweiterte Funktionen wie Remote-OS-Erkennung über TCP/IP-Fingerprinting, dynamische Verzögerungs- und Neuübertragung Berechnungen, Stealth-Scanning, Erkennung des Down-Hosts über paralleles Ping, paralleles Scannen, Decoy-Scanning, Port-Filter-Erkennung, Fragmentierungs-Scanning und direktes Scannen (Nicht-Portmapper) RPC-Scanning und flexible Ziel- und Port Spezifikation.

Das Tool stellt außerdem eine Liste der Ports für den gescannten Computer bereit und bietet zusätzliche Informationen wie den beliebtesten Dienstnamen des Ports, die Nummer, den Status des Ports (offen, gefiltert oder ungefiltert) und das Protokoll. Wenn der Status des Ports geöffnet ist, bedeutet dies, dass der Port die Verbindung

akzeptiert,
wenn sie gefiltert wird. Und es bedeutet, dass es ein anhaltendes Netzwerk Hindernis gibt, das Nmap daran hindert, festzustellen, ob der Beitrag geöffnet ist. Wenn es jedoch ungefiltert ist, bedeutet dies, dass der Port geschlossen ist.

Hping2

Gus ist ein sehr beliebter Befehlszeilen-TCP/IP-Paket Analysator/Assembler. Es wird zum Senden von ICMP-Echo-Anfragen und zur Unterstützung von TCP, UDP, Raw-IP-Protokollen und ICMP verwendet. Es verfügt über einen Traceroute-Modus. Es kann auch Dateien zwischen konvertierten Kanälen senden und benutzerdefinierte TCP/IP-Pakete senden. Es kann auch Ziel Antworten in einem ähnlichen Muster anzeigen, wie es ein Ping-Programm mit den Antworten von ICMP tut. Zu den Funktionen von Hping2 gehören:

Testen von Firewall-Regeln

Führt erweiterte Port-Scans und Netzwerkleistung Tests unter Verwendung einer Reihe von Protokollen, TOS, Paketgrößen und Fragmentierung durch

Es kann auch für Traceroute-ähnliche Aktivitäten unter verschiedenen Protokollen verwendet werden.

Manuelle Pfad-MTU-Erkennung

TCP/IP-Stack-Überwachung

Fingerabdruck des Remote-Betriebssystems

Blaster-Scan

Dies kann nur unter UNIX als Port-Scanner verwendet werden. Zu den Funktionen, die der Blaster-Scanner ausführen kann, gehören:

● UntersuchtCGI-Fehler

● UntersuchtFTPaufanonymenZugriff

● Betriebssystemerkennen

● UntersuchtFTPundPOP3aufBrute-Force-Schwachstellen

● ZudenweiterenPort-ScannernindieserKategoriegehören:

● NetScan-Tools

●WPS

● SuperScan

● DiskettenScan

Erweiterter Port-Scanner

Die Liste der erweiterten Port-Scanner, die wir aufnehmen müssen:

● NetGadgets

- P-Ping-Tools

- LANView

- NetBrute

Kapitelzusammenfassung

- Ein Proxy-Netzwerk fungiert als Vermittler zwischen zwei Servern.

- Anonymisierer werden vom Angreifer verwendet, um den Angriff Prozess und die Informationsbeschaffung zu verbergen. Es wird auch verwendet, um zu verhindern, dass die Organisation herausfindet, dass das System des Unternehmens verletzt wird.

- Das Spoofing einer IP-Adresse ähnelt der Verwendung eines Anonymisierungs. Beim Anonymisierer verbirgt der Angreifer seine Aktivitäten jedoch vor der Verwaltung, bei einer Spoofing-Adresse gibt sich der Angreifer jedoch als einer der autorisierten Benutzer des Systems aus.

Kapitel sieben

Anonymisierungstools

In diesem Kapitel werden die verschiedenen verfügbaren Anonymisierungstools ausführlich erläutert.

Primedius-Anonymisierer

Dies bietet Unternehmen und Organisationen hervorragende Dienste, die dazu beitragen, ihre Privatsphäre im Netzwerk zu gewährleisten. Primedius bietet Unternehmensorganisationen die folgenden Dienstleistungen an

- VerwaltungderPrivatsphäre

- Client-Server-Lösungen

- BenutzerdefinierteCI-Dienste

- EinhaltunggesetzlicherVorschriften

- Mobile,PC-undServer-Tools

- SpezialisierteCRM-Lösungen

- MaßgeschneiderteProxy-Lösungen

Gesundheits Surfer

Dies geschieht in Form eines Flash-Laufwerks, das an den USB-Anschluss von Windows 2000- oder Windows XP-Computern angeschlossen wird und seinen Benutzern das Surfen im Internet mit absoluter Sicherheit und Privatsphäre ermöglicht. Benutzer können im

Internet surfen und vertrauliche Informationen wie Cache, Cookies und Internetverlauf speichern. Gesundheits Surfer tragen dazu bei, alle gespeicherten Informationen sicher und anonym zu halten. Das Passwort des Benutzers wird mit 3DES-Verschlüsselung und mit einem einzigartigen Passwort-Manager für die Anmeldung auf der Website gespeichert.

Brauerei

Hierbei handelt es sich um ein Anonymisierungs-Tool, das es seinen Benutzern ermöglicht, das Internet zu nutzen, ohne dass eine Verbindung zum Computer spurlos auftritt. Browzar kann jederzeit heruntergeladen werden, wenn ein Benutzer es verwenden möchte.

Torpark

Dies ist ein nicht installierter, tragbarer und kostenloser Anonymisierer, der auf Windows-Computern läuft. Die Verbindung zum Internet erfolgt über das Onion-Router-Netzwerk und basiert in der Regel auf dem Firefox-Browser.

Psiphon

Hierbei handelt es sich um ein Menschenrecht-Softwareprojekt, das vom Citizen Lab am Munk Center for International Studies entwickelt wurde. Mit Psiphon können Freunde und Familie, die hinter einer Firewall leben, vom uneingeschränkten Zugang von Freunden und Familie in unzensierten Ländern im Internet profitieren.

Stellvertrete

Damit können folgende Funktionen ausgeführt werden

● UnsichereSchnittstellenautomatischerkennen

● TrennenSiedasLANvomInternet,umsichvorAngriffenzu schützen

- Verwenden Sie das POP3-Protokoll, um E-Mails für viele Internet-Postfächer gleichzeitig zu senden und zu empfangen

- Geben Sie Optionen zum Verlassen des POP3 an

ProxySwitcher

Wie der Name schon sagt, ermöglicht Proxy-Umschalter Benutzern, beim Surfen im Internet zwischen Proxy-Servern zu wechseln. Der Proxy-Umschalter ist sehr schnell und effektiv. Mit ihm können folgende Funktionen ausgeführt werden:

● ÄndernSiesofortdieProxy-Einstellungen

● Bietet automatische Proxy-Server-Umschaltung für anonyme Benutzer

● Kann mit Internet Explorer, Opera, Firefox und anderen Internetbrowsern verwendet werden

● SehrflexibleListenderProxy-Verwaltung

● Kann zum Herunterladen einer anonymen Proxy-Liste verwendet werden

● Kannverwendetwerden,umdieVerfügbarkeitdesProxyservers zu testen

HTTP-Tunnel

Dieses Tool fungiert als Sock-Server. Es ermöglicht dem Benutzer, das Internet trotz Firewall-Einschränkungen sicher zu nutzen. Darüber hinaus bietet die Verschlüsselung des Tools einen zusätzlichen Schutz vor Spyware, Hackern und Identitätsdiebstahl. Der Tunnel kann auch verwendet werden, um einen bidirektionalen Daten Verbindungstunnel in der HTTP-Anfrage zu erstellen. Dadurch kann der Benutzer den

HTTP-Proxy zum Senden von HTTP-Anfragen verwenden. Im Allgemeinen ist die Technik für Benutzer hinter dem durch eine Firewall-Regel gefilterten Netzwerk sehr vorteilhaft. Wenn der HTTP-Proxy dem Benutzer die Nutzung des WWW-Zugriffs ermöglicht, kann der Benutzer eine PPP-Verbindung zum Port des Hosts außerhalb der Firewall herstellen oder den HTTP-Tunnel und Telnet verbinden.

Der Tunnel verfügt über einen einfachen Proxy, der speziell konfiguriert wurde und zum Abhören aller TCP/IP-Verbindungen auf dem lokalen Host verwendet wird. Ein FTP-Client oder jeder andere Client kann problemlos auf den Proxy zugreifen, der den lokalen Host überwacht. Wenn die Verbindung akzeptiert wird, kann der HTTP-Tunnel eine Verbindung zum Haupt-HTTP-Proxy herstellen, als ob er eine Verbindung zu einer Webseite anfordern würde.

HTTPort

Dies kann genutzt werden, um den HTTP-Proxy zu umgehen. Mit dem HTTPort können einige Dienste hinter dem HTTP-Proxy genutzt werden. Zu diesen Servern gehören E-Mail, IRC, Nachrichten, ICQ, AIM, FTP und jede SOCKS-fähige Software. Der Hauptgrund hierfür liegt darin, dass der Benutzer die Internet-Software so einrichten kann, dass sie den PC berücksichtigt, der verwendet werden soll. HTTPort verwendet eine Methode namens Tunneling, um Verbindungen von dieser Software abzufangen und diese Verbindung über den Proxy auszuführen. Das Einrichten der Software mit dem HTTP-Port kann auf eine dieser beiden Arten erfolgen.

Wenn die Software einen kleinen Bereich fester Ports oder einen einzelnen Port mit einem einzelnen oder kleinen Bereich fester Server verwendet, kann die Software zum Herstellen einer Verbindung zu some.server.com:some_port verwendet werden. Eine neue HTTPort-Zuordnung muss mit einem beliebigen lokalen Port (vorzugsweise über 1023), einem Remote-Server von some.server.com und einem Remote-Port eines Ports erstellt werden. Die Software sollte auf 127.0.0.1:mapped_local_port verweisen, als wäre es der ursprüngliche Server, den sie benötigte.

Wenn ein SOCKS4-Proxy zum Verbinden der Software verwendet werden kann, sollte die Software auf 127.0.0.1:1080 verweisen, bei dem es sich um einen integrierten HTTPort-SOCKS4-Server handelt.

HTTPort ermöglicht es, die Client-Seite einer TCP/IP-Verbindung zu öffnen und sie jeder Software zur Verfügung zu stellen. „Client" bedeutet, dass HTTPort nicht für Trojaner wie NetBus oder Hintere Öffnung verwendet werden darf, da HTTPort eine lauschende Serverseite einer TCP/IP-Verbindung nicht für eine Verbindung von außen verfügbar machen kann, was möglicherweise von Trojanern ausgenutzt werden könnte. Dies wiederum bedeutet, dass HTTPort nur von Software vom Typ Client und nicht vom Typ Server verwendet werden darf. „Jede Software" bedeutet, dass jede andere Software möglicherweise dieselbe Technik wie HTTPort verwendet, um genau das Gleiche auszuführen. Darüber hinaus kann die Client-Seite der Schadsoftware einfaches HTTP verwenden, um auf einen entfernten Schad-Server zuzugreifen.

Spoofing-Tools

Despoof-Tool

Dabei handelt es sich um ein kostenloses Open-Source-Befehlszeilentool zur Antispoofing-Erkennung, das die TTL misst, um herauszufinden, ob das Paket gefälscht wurde oder nicht. Um herauszufinden, ob das Paket gefälscht wurde oder nicht, vergleicht das Tool die wahre TTL mit der vermeintlichen TTL.

SentryPC

Dies ermöglicht dem Benutzer den Zugriff, die Steuerung und die Überwachung der Nutzung eines PCs. Mit diesem Tool können Benutzer an der Nutzung bestimmter Programme gehindert, der Zugriff auf Windows-Funktionen eingeschränkt, der Zugriff auf bestimmte Websites blockiert und andere Aufgaben ausgeführt werden. Das Tool kann auch zum Aufzeichnen aller Arten von Aktivitäten verwendet werden, einschließlich Chats, Tastenanschlägen, Besuchen von Websites, Anwendungen, die auf dem System ausgeführt werden, und so weiter. Mit dem Tool können folgende Funktionen ausgeführt werden:

- Anwendungsplanungund-überwachung

- VollzeitManagement

- FilterungvonTastenanschlägen

- Website-Filterung

- Chat-Filterung

- Benutzerschützen

- LeistungsstarkeSicherheitsfunktionen

- Protokolle

- Benutzerschützen

- Anwendungsnutzung

- Tastendruckeingegeben

- Chat-Gespräche

- Fensterangezeigt

- Website-Besuche

Kapitelzusammenfassung

- Anonymisierer sind die Tools, mit denen der Angreifer den Angriffsprozess verschleiert.

- Spoofing-Tools werden vom Angreifer verwendet, um sich als autorisierter Benutzer auszugeben.

Kapitel Acht

Aufzählung

Das Kapitel untersucht im Detail, wie ein Angreifer an seine Informationen gelangt. Footprinting ist der erste Schritt zur Sammlung jeglicher Informationen. In der Scan-Phase bündelt der Angreifer alle gesammelten Informationen in die relevantesten Informationen, die für eine aktive Untersuchung des Systems erforderlich wären. Alle diese Schritte sind sehr wichtig, damit der Angreifer problemlos zum nächsten Schritt übergehen kann, indem er oder sie Informationen über das Netzwerk, Benutzer, Gruppen und Freigaben des Systems ausfindig macht. Dieses Kapitel konzentriert sich auf die letzte Phase der Phase vor dem Angriff. Diese Phase ist die Aufzählung Phase. Zu den Umrissen, die in diesem Kapitel behandelt werden, gehören:

- WasistAufzählung?

- TechnikzurAufzählung

- EinrichtungeinerFensterSitzung

- Zugangstoken

- Null-Sitzung

- PortFilterungusw.

Was ist Aufzählung?

Dies ist die Phase, in der der Angreifer Informationen vom System erhält, indem er sich aktiv mit dem System verbindet. Anders als in den ersten beiden Phasen muss sich der Angreifer nicht aktiv mit dem

System verbinden, um seine Informationen zu sammeln. In der Regenerationsphase verbindet sich der Angreifer mit dem System und ist aktiv an allen Vorgängen im System beteiligt. Aus diesem Grund wird der Prozess als erste Phase der Kompromittierung des Systems bezeichnet. Der Prozess der Aufzählung kann wie folgt hervorgehoben werden

Aufzählung: Stellen Sie eine aktive Verbindung zu einem System her, um Informationen von diesem zu erhalten.
Passwort knacken: Zum Knacken von Passwörtern wird zunächst das Passwort des Systems und die verschiedenen darauf ausgeführten Dienste identifiziert.

Privilegien Eskalation: Versuch, Administratorrechte zu erlangen, sobald der Zugriff auf das System gewährt wurde.
Anwendungsausführung:Installieren Sie die Anwendung auf dem System, um Informationen über die Aktivitäten zu sammeln, die auf dem System ausgeführt wurden.

Ausblenden von Dateien: Anwendung der vorherigen Aktionen ausblenden, damit der Administrator sie nicht sehen kann.
Verstecken von Spuren: Verbergen Sie alle Spuren der Aktivitäten, nachdem Sie Zugriff auf das System gefunden und Wege gefunden haben, das System zu hacken.

Das Hauptziel eines Angreifers in der Aufzählung Phase besteht darin, gültige Benutzerangriffe zu identifizieren, die für Anonymität sorgen würden, sobald der Computer oder das System gehackt wurde. Bei der Aufzählung geht es auch darum, das System direkten Abfragen zu unterziehen oder sich aktiv mit dem System zu verbinden. Meistens handelt es sich bei den in dieser Phase gesammelten Informationen um diejenigen, die das Ziel versehentlich zur Verfügung gestellt haben. Sobald auf die Informationen zugegriffen wurde, prüft der Angreifer den Sicherheitsstatus des Zielsystems, bevor er die gesammelten Informationen nutzt, um das System zu gefährden. Im Allgemeinen können die Informationen des Angreifers in diese vier Schritte eingeteilt werden

1. NetzwerkressourcenundTeilen

2. AnwendungenundBanner

3. BenutzerundGruppen

4. Auditing-Einstellung

Techniken zur Aufzählung

Null-Sitzung Aufzählung

Bevor erklärt wird, wie der Angreifer seinen Angriff vollständig ausführt, ist es sinnvoll, zunächst zu verstehen, was Null Angriffe sind. Im Allgemeinen verlässt sich das Windows-Betriebssystem zur Authentifizierung auf das Konto des Benutzers. Und als die Benutzer Familie größer wurde, entwickelten sich Gruppen, Richtlinien und andere Formen von Benutzerkonten. Zusätzlich zu den Standard Verwendungen von Windows-Betriebssystemen unterstützt Windows OS jedoch eine separate Benutzergruppe, die als kein Benutzer bezeichnet wird. Kein Benutzer ist ein Pseudo- Konto. Es verfügt über keinen Benutzernamen oder Passwort, kann aber für den Zugriff auf verschiedene Informationen im Windows-System verwendet werden. Als Kein Benutzer können Sie Kontonamen und Freigaben auf dem Domänencontroller auflisten. Der Benutzer kann auch die Konten und Arbeitsstationen der Mitglieder auf dem Windows-Betriebssystem auflisten. Da der Kein Benutzer weder einen Benutzernamen noch ein

Passwort benötigt, um das Windows-Betriebssystem zu verwenden, kann ein Angreifer auf diese Weise leicht ein System kompromittieren

Einrichtung einer Fenster Sitzung

Der Remote-Computer verwendet das Challenge-Response-Protokoll, um einen Windows NT-Server einzurichten. Ein in den folgenden Schritten beschriebener Kommunikationsablauf gewährleistet die Sicherheit des Informationskanäle. Die Schritte dazu sind im Folgenden beschrieben:

● DerSitzungsanforderer/ClientoderdieRemote-Maschinesendet eine Anfrage an die Sitzungen Annehmer. Diese Aktivität kann innerhalb derselben Domäne oder innerhalb der Domäne stattfinden.

● Der Sitzung Akzeptor oder Server sendet als Antwort eine zufällige 64-Bit-Aufforderung an den Client. Der Client antwortet mit einer 24-Bit-Antwort, die mit dem Passwort des Benutzerkontos verschlüsselt ist, das die Sitzung anfordert.

● Der Sitzung Server akzeptiert die Antwort und überprüft sie mithilfe der lokalen Sicherheits Autorisierung (LSA).

● Die lokale Sicherheitsauthentifizierung akzeptiert die an sie gesendete Antwort und überprüft, ob das verschlüsselte Passwort für den angeblichen Benutzer bestimmt ist. Die Antwort erfolgt je nach Art des Kundenkontos auf zwei verschiedene Arten. Wenn das Kundenkonto lokal ist, erfolgt die Bestätigung lokal, wenn es sich jedoch um ein Domänenkonto handelt, wird die Antwort zur Authentifizierung an die betreffende Domäne weitergeleitet

● Nach dem Authentifizierungsprozess generiert der Sitzung Server ein Zugriffstoken und sendet diesen und der Kunde.

- Der Client verwendet dann die oder generierten Zugriffstoken, um eine Verbindung mit Ressourcen auf dem Server herzustellen, bis die neu eingerichtete Sitzung beendet wird.

Was ist ein Zugriffstoken?

Die Vorgehensweise zur Generierung eines Zugriffstokens wurde im letzten Unterthema erläutert. Ein Zugriffstoken ist eher eine Art Cache-Informationen über eine Anmeldesitzung für einen bestimmten Benutzer. Das Token bleibt gültig, bis sich der Benutzer bei einem anderen System anmeldet oder sich von dem System anmeldet, mit dem er das Zugriffstoken verwendet. Dadurch entfällt die Notwendigkeit, beim Zugriff auf ein ähnliches System eine weitere Authentifizierung durchzuführen. Eine Netzwerkauthentifizierung wie NTLM ist nur beim Wechsel von einem Computer zum anderen erforderlich. Das Sicherheitsmodell für das NT wird unten hervorgehoben:

Sobald ein Zugriffstoken erstellt wurde, bietet es zwei Hauptdienste: Es speichert einen Cache mit Benutzerinformationen, z. B. Benutzerautorisierung Informationen, und speichert außerdem die Sicherheits-ID des Benutzers.

Es gibt zwei wichtige Gruppen, die Windows NT bietet.

Administratoren können diese Gruppen einfach steuern. Die Gruppe umfasst die Administratorengruppe und die Gruppe. „Jeder" ist eine Gruppe, die über eine domain kontrollierte Mitgliedschaft oder ein Betriebssystem verfügt. Alle von der Domäne authentifizierten Benutzer gehören zur Gruppe „Jeder".

Windows 2000 bietet drei Gruppen an, deren Mitgliedschaften vom Administrator gesteuert werden: Hauptbenutzer, authentifizierter Benutzer und Administrator. Das Betriebssystem oder die Domäne steuert die Gruppe der authentifizierten Benutzer. Diese Gruppe ähnelt den „Jeder"-Gruppen, umfasst jedoch keine Gäste und anonym

Benutzer. Außerdem kann die authentifizierte Gruppe nicht wie die Gruppe „Jeder" zum Zuweisen von Berechtigungen verwendet werden; vielmehr sind es die vom Administrator kontrollierten Gruppen, die Berechtigungen erteilen können. Hier sind die Schritte zum Zuweisen von Berechtigungen

1. Der Client sendet eine vorab authentifizierte Anfrage (Hash des Benutzerkennworts) zusammen mit einem Zeitstempel an das Schlüsselverteilung Zentrum (KDC), das sich auf dem Domänencontroller (DC) der betreffenden Domäne befindet, und fordert ein Ticket-Granting-Ticket (TGT) an.

2. Der KDC extrahiert den Hash der Benutzeridentität aus seiner Datenbank und entschlüsselt damit die Anfrage, wobei er den Zeitstempel und die Aktualität der Anfrage notiert. Ein gültiges Benutzerkonto und Passwort ermöglichen eine erfolgreiche Entschlüsselung.

3. Das KDC sendet ein TGT zurück, das neben anderen Informationen den Sitzungsschlüssel (verschlüsselt mit dem Passwort eines Benutzers) und die Sicherheitskennungen (SID) enthält, die den Benutzer, die Gruppe und die Mitgliedschaften identifizieren

4. Der Client nutzt das Ticket, um auf die benötigten Ressourcen zuzugreifen.

5. Der Client sendet eine zeitgestempelte Anfrage, damit das TGT unterwegs nicht erfasst und später verwendet werden kann. Das generierte Ticket enthält in erster Linie den Namen der Domain, die das Ticket ausgestellt hat. Tickets haben außerdem eine begrenzte Lebensdauer, auf der sowohl der Beginn als auch das Ende der Sitzung vermerkt sowie die Kundenadresse und die autorisierten Zugriffsrechte verschlüsselt sind.

Null-Sitzung

Nachdem wir nun verstanden haben, wie eine Windows-Sitzung eingerichtet wurde, besteht der nächste Schritt darin, die Konzepte einer Vollsitzung in Windows nachzuschlagen.

Ein Teil der Authentifizierungen besteht darin, nicht autorisierten Benutzern die Nutzung des Servers zu verhindern. Daher ermöglicht der Abschnitt Server/KDC nur autorisierten Benutzern den Zugriff auf

bestimmte Ressourcen auf dem Server. Die Frage, die sich daraus ergibt, ist: Was passiert, wenn es keinen Authenticator gibt, der eine Sitzung über das Netzwerk aufbaut? Das bedeutet, dass es für den Server keine Möglichkeit gibt, zu authentifizieren, wer die Sitzung initiiert. Daher kann nicht erklärt werden, ob die Sitzung gekapert wurde oder nicht.

Diese Sitzung ohne Authentifizierung wird als Null Sitzung bezeichnet.

Das Hauptziel der Authentifizierung besteht darin, sicherzustellen, dass nur autorisierte Benutzer den Server nutzen. Wenn die Sitzung null ist, bedeutet dies, dass sie nicht authentifiziert und unsicher ist. Die Nullstellung verfügt auch nicht über ein Identifikationsmittel. Daher gibt es keinen Sicherheitsschlüssel für jede Sitzung. Wenn der LSA auf dieser Grundlage einen Token für einen Benutzer in dieser Sitzung erstellt, erzeugt er einen Token mit der Benutzer-SID S-1-5-7 (die Null-Anmeldesitzung) und dem Benutzernamen „Anonyme Anmeldung".

Eine Null Sitzung wird von Angreifern als Köder genutzt, um eine Verbindung mit einer Maschine herzustellen. Der Hauptgrund für die Erstellung der Vollsitzung besteht darin, nicht authentifizierten Computern das Durchsuchen von Listen vom Server zu ermöglichen. Windows 2000 und NT basieren jedoch auf dem Konzept der Domänenarchitektur, und es wird angenommen, dass die Null Sitzung das Durchsuchen zwischen Domänen erleichtern würde. Dabei nutzten die Domänencontroller nicht dieselbe Datenbank wie die Benutzer- und

Computerkonten, mussten aber dennoch in den Domänen nach Informationen suchen.

Daher ermöglicht die Null Sitzung mit weniger Wissen die direkte Aufzählung des Systems von nicht authentifizierten Systeme. Dies zeigt, dass die Null Sitzung sowohl anfällig ist als auch zur Gefährdung eines Systems verwendet werden kann.

Gegenmaßnahmen für Null-Sitzung

● Paketfilterung

Um eine Verbindung zu einer Null Sitzung herzustellen, wurde die Sitzung auf TCP-Port 139 zugegriffen. Null Sitzungen können durch Filterung über die TCP- und UDP-Ports 139 und 445 reduziert werden

● DeaktivierungdesSAMBA-Dienstes.

Verwenden Sie die Registerkarte „Bindung" der Netzwerksteuerung, um die Bindung des WINS-Clients an die entsprechende Schnittstelle aufzuheben. Dadurch wird SMB auf einzelnen NT vollständig deaktiviert.

● DieHKLM-Inspektion.

„HKLM" bezieht sich auf den Hive „HKEY_LOCAL_MACHINE".
Wenn
HKLM\System\CurrentControlSet\Control\LSA\RestrictAnonymous
auf 1 gesetzt ist, sind anonyme Verbindungen eingeschränkt. Selbst mit dieser Einschränkung kann sich ein anonymer Benutzer jedoch weiterhin mit der IPC-Freigabe verbinden. Allerdings kann die Verbindung nur eine Handvoll Informationen erreichen, da diese eingeschränkt sind. Wenn das System auf Wert 2 eingestellt und mit Windows 2000 verbunden ist, ist der gesamte anonyme Zugriff eingeschränkt, mit Ausnahme derjenigen, die eindeutig gewährt

werden.
Daher besteht der erste Schlüssel zur Überprüfung darin, das

HKLM\System\CurrentControlSet\Control\LSA\ RestrictAnonymous zu überprüfen.

● Nach dem ersten Schlüssel müssen folgende Schlüssel überprüft werden:

HKLM\SYSTEM\CurrentControlSet\Services\LanmanServer\Parameters\NullSessionPipes

HKLM\SYSTEM\CurrentControlSet\Services\LanmanServer\Parameters\NullSessionShares

Die beiden oben erläuterten Schlüssel sind der Registrierungsparameter MULTI_SZ (mehrzeilige Zeichenfolge), der zum Hervorheben der Freigaben und Pipes verwendet wird, die für Null Sitzungen geöffnet sind. Vor der Verwendung des Schlüssels sollten diese jedoch überprüft werden, um sicherzustellen, dass keine unberechtigten Rohre oder Scharen geöffnet werden.

● KonfigurierenderSicherheitsrichtlinien

Normalerweise erhält der Domänencontroller in Windows 2000 Sicherheitsmaßnahmen aus der Domäne Sicherheitsrichtlinie. Für Systeme, die keine Domänencontroller sind, muss die lokale Sicherheitsrichtlinie jedoch so konfiguriert werden, dass anonyme Verbindungen eingeschränkt werden. Die gebräuchlichste Methode hierfür ist „Kein Zugriff ohne ausdrückliche anonyme Erlaubnis".

Einschränkungen für den Fernzugriff

Die Ports, die eingeschränkt werden sollten, sind wie folgt aufgeführt:

• 135 (TCP-DCE/RPC-Portmapper)

• 137 (TCP/UDP NetBIOS-Namensdienst)

• 138 (TCP/UDP NetBIOS-Datagrammdienst)

• 139 (TCP NetBIOS-Sitzungsdienst)

• 445 (TCP Microsoft-DS [Windows 2000 CIFS/SMB])

Kapitelzusammenfassung

- Für die Mannschaften ist es erforderlich, dass sich der Angreifer aktiv mit dem System verbindet.

- Bei einem Zugriffstoken handelt es sich um Cache-Informationen zu einem Anmeldevorgang.

Kapitel Neun

Einfaches Netzwerkverwaltung Protokoll (SNMP)

Sein Kapitel ist eine Fortsetzung des vorherigen Kapitels. Wir erklären, was eine SNMP-Enumeration ist und welche verschiedenen Aspekte der Verfügung im vorherigen Kapitel nicht behandelt wurden. Zu den Umrissen, die in diesem Kapitel untersucht werden, gehören:

- WasisteinSNMP?

- ManagementInformationsdatenbanken

- SNMP-DienstAufzählung

- GegenmaßnahmenzurSNMP-Aufzählung

- SNMP-UNIX-Enumeration

- SNMPUNIX-Gegenmaßnahmen

- LDAP-Aufzählung

- NTP-Aufzählung

- Web-Aufzählung

Was ist ein SNMP?

Ein SNMP ist ein Anwendungsprotokoll, das häufig bei UDP verwendet wird und zur Verwaltung von Hubs, Routern und Switches in einem IP-Netzwerk dient. Jedem dieser Systeme ist ein SNMP zugeordnet, über das Informationen an eine Netzwerkmanagement Station zurückgesendet werden. Die Agenten transportieren Netzwerkdaten, die anfällig für Angriffe sind und für Angreifer wertvoll sind.

Management-Informationsbasen (MIBs)

Das SNMP verwendet die Verwaltungs-Informationsdatenbanken, um die vom verwalteten System angebotenen Informationen zu definieren. Bei den Management Information Bases handelt es sich um Datenbanken, die im Agenten eines Netzwerkgeräts in einer SNMP-Managementstation eingerichtet werden können. Die grundlegendste Verwaltungsstation des SNMP sind die MIBs. Sie enthalten eine formale Beschreibung der Eigenschaften von Netzwerk Objekten und sind einsehbare Dokumente. Sie bieten außerdem eine Standarddarstellung der Optionen und Informationen der SNMP-Agenten. Die Elemente von MIBs werden anhand von Objekt Identifikatoren (OIDs) erkannt. Ein Objekt Bezeichner beginnt mit der Wurzel des MIBs-Baums. Es handelt sich um einen numerischen Namen, der dem Objekt gegeben wird. Die Objektbezeichner können ein in der MIB-Hierarchie vorhandenes Objekt identifizieren.

Das Windows-Ressourcen-Kit stellt die Liste der MIBs bereit, die mit den SNMP-Diensten installiert werden. Zu den wichtigsten gehören:

● HOSTMIB.MIB:ÜberwachtundverwaltetHostRessourcen

● DHCP.MIB: Überwacht den Netzwerkverkehr zwischen DHCP-Servern und Remote-Hosts

● WINS.MIB:FürWindowsInternetNameService

● LMMIB2.MIB: Enthält Objekttypen für Workstation- und Serverdienste

MIB-I entspricht der ersten Definition der Standard-MIB. Allerdings ist MIB-II die aktualisierte Version der Standard-MIB. Daraus ergibt sich die aktuelle Definition. MIB-II ist in SNMPv2 enthalten. Es fügt dem MIB-Baum verwaltbare Objekte und neue Syntax Typ hinzu. Es ist durch IETF RFC 1213 für die Verwendung mit Netzwerkverwaltung Protokollen definiert.

Im Folgenden sind die verschiedenen Gruppen aufgeführt, die in MIB-II definiert sind

● DerSchnittstellenGruppe

● DieSystemgruppe

● DerAdressübersetzungGruppe

● DieICMP-Gruppe

● DieIP-Gruppe

● DieTCP-Gruppe

● DieEGP-Gruppe

● DieUDP-Gruppe

● DieSNMP-Gruppen

● DerÜbertragungGruppe

SNMP-Dienst Aufzählung

Der SNMP-Browser Snmputil kann zum Aufzählen des SNMP verwendet werden. Der SNMP-Browser Snmputil ist ein Tool im Windows-Toolkit, das zum Abrufen von Informationen über ein Zielsystem Netzwerk verwendet wird. Dazu nutzt der Benutzer einen

Systembefehl, mit dem er SNMP aufzählt. Die Syntax von Snmputil ist wie folgt aufgeführt:

SNMPUTIL [WALK \ GETNEXT] <Host> <Community>
<OID>

Walk: Dies ist eine Funktion, die so programmiert ist, dass sie die angeforderte Aufgabe im Netzwerk ausführt und resultierende Variablen zurückgibt.

Host: der Name des Systems

Community: Die für SNMP zu verwendende Community. Standardmäßig ist diese öffentlich.

OID: Wird zur Überprüfung des MIB-Baums verwendet und wertet jeden Zweig des MIB-Baums aus.

Unter Verwendung der obigen Syntax ermöglicht die Arbeitsfunktion dem Objektbezeichner, über so viele Funktionen zu verfügen, wie er möchte.

Hier ist eine Liste von Servern, die mithilfe der SNMP-MIB aufgelistet werden können.

● Server.svSvcTable.svSvcEntry.svSvcName:ZähltInformationen zu laufenden Diensten auf •

● Server.svShareTable.svShareEntry.shareName:Ruft Informationen zu Freigabenamen ab

● Server.svShareTable.svShareEntry.svSharePath:Gibt Informationen über Freigabepfade

⬤ Server.svShareTable.svShareEntry.svShareComment:Ruft
Informationen über Kommentare zu Freigaben ab •

⬤ Server.svUserTable.svUserentr.svBenutzername:Stelltalle
Benutzernamen bereit
Domain.dom Primäre Domäne: Gibt Informationen zu Domain Namen.

Kurze Beispiele für die Schritte jeder Aufzählung sind:

1. Der Manager hat dem Agenten eine Anfrage geschickt; Der
Agent hat eine Antwort auf die vom Manager gesendete Anfrage
gesendet

2. SowohldieAnfragealsauchdieAntwortsindVariablen,aufdie
der Agent auf sein System zugreifen kann. Der Manager kann
bestimmte Werte an einige der Variablen senden, indem er eine
Anfrage an den Agenten sendet.
3. Die Antwort des Agenten auf die Nachricht des Managers
erfolgt in Form einer Trap-Nachricht
4. Die Trap-Nachricht soll zeigen, dass auf der Seite des Agenten
ein wichtiges Ereignis stattfindet; dies könnte ein
Schnittstellenfehler oder ein Neustart sein.

Workstations und Windows 2000-Server mit SNMP-fähiger
Unterstützung und der standardmäßigen Community-Zeichenfolge
"Öffentlich" sind anfällig für Angriffe. Unabhängig davon, ob die
Einstellung geändert wird oder nicht, schützt dies in dieser Situation
nicht vor einem Brute-Force- oder Wörterbuchangriff. Dies liegt daran,
dass Windows 2000 viele Informationen enthält, die für einen
Sniffing-Angriff sehr nützlich wären. Einige der in einer Windows
2000-Box verfügbaren Tabellen umfassen Folgendes:

Routentabelle und ARP-Tabelle: Wenn ein Hacker Zugriff auf diese Tabelle erhält, kann er sich sofort ein genaues Bild eines Netzwerks machen und seine Suche nach Schwachstellen fortsetzen.

Schnittstellentabelle: Hiermit werden alle Boxen mit mehreren Schnittstellen und alle Benutzerdaten wie MAC-Adressen und IP-Adressen erfasst.

Gerätetisch und Ablagetisch: Wenn ein Hacker die Art der Hardware kennt, die an eine Windows 2000-Maschine angeschlossen ist, kann er oder sie leicht erraten, welche Art von Maschine verwendet wird.

TCP-Tabelle und UDP-Tabelle: Diese werden verwendet, um herauszufinden, welche UDP- und TCP-Ports aktiv verwendet werden und welcher Paketdienst zum Abhören von Clients verwendet wird.

Benutzertabelle: Wenn ein Hacker oder Angreifer den speziellen Benutzernamen herausfindet, der auf einem Computer verwendet wird, kann er oder sie das Passwort des Benutzers leicht erraten.

Prozesstabelle und Software-Tabelle: Dabei gibt die aktuell auf dem System laufende Software (DNS-Server, DHCP-Server) umfassende Hinweise zum Hacken des Systems. Dies gibt auch einen umfassenden Überblick darüber, welches Service Pack auf dem System installiert wurde oder nicht.

Gegenmaßnahmen zur SNMP-Enumeration

Hier sind einige Möglichkeiten, SNMP-Aufzählung Angriffe zu verhindern.

- Schalten Sie SNMP aus oder entfernen Sie den SNMP-Agenten. Dies trägt dazu bei, das Auftreten von Aufzählungs Aktivitäten zu verhindern

- Implementieren Sie die Sicherheitsoption für Gruppenrichtlinien. Dies wird auch als „zusätzliche Einschränkungen für anonyme Verbindungen" bezeichnet.

- Beschränken Sie den Zugriff auf Null-Sitzungsfreigaben, Null-Sitzungs-Pipes und IPSec-Filterung

- Wenn die Überwachungs- und Verwaltungsfenster Komponente nicht verwendet werden sollten, installieren Sie sie nicht. Stellen Sie jedoch bei Bedarf sicher, dass nur autorisierte Benutzer Zugriff darauf haben, da es leicht als Hintertür zum Zugriff auf das System verwendet werden kann

- Passen Sie die Community-Strings an einen Konfigurierten an. Wenn es besser ist, verwenden Sie einen mit einem privaten Community-Namen

- Beschränken Sie den Zugriff auf den SNMP-Agenten. Dies bedeutet, dass Sie SNMP-Anfragen zur Angabe von Adressen zulassen. Die Anfrage sollte auch auf Schreibgeschützt beschränkt werden.

- Verwenden Sie IPSec zur Authentifizierung/Verschlüsselung: Es ist besser, IPSec zu verwenden, da SNMP (vl) keine Authentifizierung und Verschlüsselung bietet

- Connect-Traps: Stellen Sie sicher, dass Sie das Windows 2000-Ereignisprotokoll sorgfältig studieren, wenn SNMP aktiviert ist. Dies könnte dazu beitragen, das Sicherheitsniveau zu erhöhen.

SNMP-UNIX-Enumeration

Das Tool snmpwalk kann zum Aufzählen der SNMP-Agenten auf einer UNIX-Plattform verwendet werden. Das Tool wird verwendet, um alle SNMP-Agenten abzurufen, die durch den Hostnamen angegeben sind. Dieser Befehl gibt alle Arrays von SNMP-Objekt-Werten zurück. Eine kurze Liste der für HP SNMP/XL bereitgestellten Befehlsdateien wird wie folgt hervorgehoben:

Snmpget: Dies wird zum Abrufen spezifischer Verwaltungsinformationen verwendet, indem ein SNMP gesendet wird, um eine Anfrage an den angegebenen Knoten zu senden, der die Informationen abrufen würde.

Snmp Weiter: Dies wird verwendet, um ein SNMP zu senden, um die nächste Anfrage an den nächsten angegebenen Knoten zu erhalten

SNMP-Trap: Hiermit wird ein SNMP-Trap generiert und an die konfigurierten Management Stationen gesendet; Der generierte Trap, der an das Management gesendet wird, wird zur Meldung einiger sehr wichtiger Ereignisse verwendet.

snmpwalk: Dies wird zum Senden eines SNMP verwendet, um die nächste Anfrage vom jeweiligen Startpunkt (höchstwahrscheinlich der Gruppenname) unter Verwendung der MIB-Namen abzurufen, bis das Ende der MIB-Gruppe erreicht ist.

SNMP UNIX-Gegenmaßnahmen

Führen Sie eine ordnungsgemäße und vollständige Konfiguration mit den erforderlichen Namen „PUBLIC" und „PRIVATE" durch.

Implementieren Sie SNMPv3. Diese Version ist sicherer als die andere Version.

UNIX-AUFZEICHNUNG

1. Ntpdate:Dieswirdverwendet,umdieZeitprobenauseinergleichen
   Anzahl von Zeitquellen zu sammeln. Die Syntax für Rh lautet wie
folgt:

● ntpdate[-bBdo Wasser] [-a Schlüssel] [-e Authdelay] [-k
Schlüsseldatei] [-o Version] [-p Beispiele] [-t
Zeitüberschreitung] [Server/IP-Adresse]

2. EineweitereVerwendungvonntpdateumfasst:

● ntpdate192.168.0.1

● 27. Dez. 11:50:49 ntpdate[627]: Zeitserver 192.168.0.1 Offset
anpassen – 0,005030 Sek

Ntptrace

Dies wird verwendet, um den Ort zu bestimmen, an dem der NTP-Server
seine Zeit erhält, und auch, um die NTP-Server-Kette bis zu ihrer ersten
Quelle zu verfolgen. Die Syntax hierfür umfasst:

ntptrace [-vdn] [-r Wiederholungsversuche] [-t Zeitüberschreitung]
[Servername/IP-Adresse]
Ein Beispiel für die Verwendung von ntptrace ist:

● ntptrace

● localhost: Stratum 4, Offset 0,0019529,Synchronisierungs
Entfernung 0,143235
●192.168.0.1: Stratum 2, Offset 0,0114273,
Synchronisierungsabstand 0,115554
●192.168.1.1: Stratum 1, Offset 0,0017698,
Synchronisierungsabstand 0,011193

Ntpdc

Dies kommuniziert mit dem ntp-Daemon und fragt seinen aktuellen Status und alle daran vorgenommenen Änderungen ab. Die Syntax hierfür lautet wie folgt:

ntpdc[-inps] [-c Befehl] [Hostname/IP-Adresse]

Ntpq

Dies wird verwendet, um NTP-Daemon-ntpd-Vorgänge zu überwachen und die Leistung zu bestimmen. Die Syntax hierfür lautet wie folgt:

ntpq [-inp] [-c Befehl] [Host/IP-Adresse]

Ein Beispiel für ntp ist:

ntp> Ausführung

ntp 4.2.0a@1.1194-r Montag, 7. Mai, 14:14:14 EDT 2006 (1)

ntpq> host

Der aktuelle Host ist 192.168.0.1

SMTP-Aufzählung

Das Simple Transfer Mail-Protokoll wird häufig zusammen mit POP3 und IMAP verwendet, um E-Mail-Nachrichten über das Internet zu senden. Es ermöglicht seinen Benutzern außerdem, Nachrichten aus dem Postfach zu speichern und herunterzuladen. Es verwendet Mail Exchange (MX)-Server, um E-Mails über den Domain Name Service zu leiten. Es läuft auf TCP-Port 25. Auf UNIX-basierten Systemen ist

Sendmail ein häufig verwendeter SMTP-Server für E-Mail. Ein Benutzer kann über eine Telnet-Eingabeaufforderung direkt mit SMTP interagieren:

Telnet 192.168.0.1 25

220 uk03.cak.uk ESMTP Sendmail 8.9.3; Mi, 9. November 2005 15:29:50 GMT
EXPN ROOT

250 <root@uk03.nu.cak.uk>

250 <smith.j@uk03.nu.cak.uk>

EXPN-BIN

250 <bin@uk03.nu.cak.uk>

VRFY NIEMAND

250 <nobody@uk03.nu.cak.uk>

EXPN NIEMAND

250 /dev/null@uk03.nu.cak.uk>

VRFY-ORACLE

550 ORACLE... Benutzer unbekannt

AUFHÖREN

Web-Aufzählung

Dies wird zum Veröffentlichen und Abrufen von Hypertext Seiten verwendet. Das Hypertext Transfer Protocol kann als ein Tool definiert werden, das vom Internet verwendet wird, um Informationen mithilfe des clientseitigen Webbrowsers anzuzeigen und zu verteilen. Es handelt sich um ein Anforderungs-/Antwort-Protokoll -Tool zwischen dem Client und dem Server. Der Client ist der Absender, der eine Anfrage an den Server sendet; Der Server empfängt die Anfrage des Clients und antwortet auf die Anfrage. Der Benutzer greift auf Informationen zu, indem er über HTTP eine URL an das Internet sendet. Wenn dies erledigt ist, sucht der Domain Name Service (DNS) nach der URL, übersetzt diese in die entsprechende IP-Adresse der URL und sendet dann die Nachricht an den Server.

Auszählungsverfahren

Die unten hervorgehobenen Schritte können zum Auswählen eines Systems verwendet werden

1. Verwenden Sie die Windows 2000-Enumeration, um die Benutzernamen zu extrahieren.
2. Verwenden Sie Null Sitzungen, um Informationen vom Host zu sammeln
3. Verwenden Sie das Tool Super Scan, um eine Windows-Enumeration durchzuführen
4. VerwendenSiedasToolGetAggt,umBenutzerkontenabzurufen

5. Verwenden Sie das Tool Scan, um einen SNMP-Port-Scan durchzuführen.

Kapitelzusammenfassung

- Das einfache Netzwerkverwaltungsprotokoll ist ein Aspekt der Aufzählung, der zur Verwaltung von Hubs und Switches im System verwendet wird.

Kapitel Zehn

System-Hacking

Die vorherigen Kapitel konzentrierten sich auf die Bedeutung des Hackens und die Mission der verschiedenen Arten von Hackern, die wir haben. Auch die Phase vor dem Angriff wurde eingehend untersucht. Dieses Kapitel baut auf den vorherigen Kapiteln auf: Es gibt eine detaillierte Erklärung, wie man ein System hackt. Während die Phase vor dem Angriff die meisten Aktivitäten abdeckt, die ein Angreifer ausführen wird, wird in der Hacking-Phase das gesamte in der Phase vor dem Angriff gesammelte Wissen in die Praxis umgesetzt. Die Erklärung der Hacking-Phase beginnt mit dem Knacken von Passwörtern und geht dann zu den Gegenmaßnahmen zur Verhinderung des Passwort-Hackings über, bevor eine detaillierte Erklärung zur Verwendung von Keyloggern gegeben wird. Zu den verschiedenen Umrissen, die in diesem Kapitel behandelt werden, gehören:

● Passwörterknacken

● Passworterraten

● ManuelleAlgorithmenzumKnackenvonPasswörtern

● AutomatischesKnackenvonPasswörtern

● SoführenSieeinautomatisiertesPasswort-Erratendurch

● ToolszumKnackenvonPasswörtern

Passwörter knacken

Normalerweise entscheiden sich Benutzer beim Erstellen von Passwörtern für Systeme oder Websites oft für ein Passwort, das sie sich leicht merken können. Während dies im Hinblick auf die einfache Erinnerung an das Passwort sehr vorteilhaft ist, besteht der Nachteil darin, dass die Passwörter dadurch anfällig für Angreifer werden. Einfache Passwörter sind anfälliger für Angriffe als technische Passwörter. Passwörter werden grob in die folgenden Kategorien unterteilt, die unten hervorgehoben sind:

● Passwörter,dienurausBuchstabenbestehen:HIJKLMNO

● Passwörter,dienurausZahlenbestehen:12345678

● Passwörter,dienurausSonderzeichenbestehen:$@$!()

● Passwörter, die sowohl aus Buchstaben als auch aus Zahlen bestehen: ax1500g

● Passwörter,dienurausZeichenundBuchstabenbestehen

● Passwörter,dieausZahlenundSonderzeichenbestehen

● Passwörter, die aus Sonderzeichen, Buchstaben und Zahlen bestehen

Im Allgemeinen werden Passwörter in lokalen Dateien gespeichert. Daher ist es wichtig, über eine sehr starke Netzwerkverbindung und Host-Sicherheit zu verfügen. Denn sobald ein Angreifer auf den Passwort-Hash eines Systems zugreifen kann, wird es nicht lange dauern, bis der Angreifer Zugriff auf die Passwörter aller mit dem System verbundenen Sites hat. Um ein sehr sicheres und nicht leicht zu knackendes Passwort zu erstellen, müssen daher die folgenden Regeln eingehalten werden:

● VerwendenSieniemalsIhrenBenutzernamenalsPasswort

● IhrPasswortmussmindestensachtZeichenenthalten

● Ihr Passwort muss aus mindestens einem Symbol, einem Großbuchstaben, einem Kleinbuchstaben, einem Buchstaben und Sonderzeichen bestehen.

Passwort Angriffe werden in diese vier Gruppen unterteilt

1. Passiver Online-Angriff: Wire Sniffing

Diese Methode wird bei einem Passwort Angriff selten verwendet, da sie eine Kollision mit der Domäne erfordert. Ein Sniffer wird auch als Paket Analysator bezeichnet. Ein Sniffer ist ein Software Programm, das den Protokollverkehr im Netzwerk protokollieren, erfassen und analysieren sowie den Inhalt des Netzwerks herausfinden kann. Eine Bridge oder ein Switch verbindet keine gemeinsame Kollisionsdomäne. Außerdem sind nicht alle Hosts in einem Netzwerk im Netzwerksegment überbrückt oder geschaltet. Dies liegt daran, dass alle Daten, die an das LAN gesendet werden, automatisch an alle mit dem LAN verbundenen Maschinen gesendet werden. Dadurch ist es für einen Angreifer sehr einfach, einen Sniffer auf einem System im LAN auszuführen und damit Informationen zu sammeln, die an alle anderen mit dem LAN verbundenen Systeme gesendet werden. Die Tools, die zum Senden und Sammeln von Informationen verwendet werden, werden passive Sniffer genannt. Sie werden so genannt, weil die Tools passiv darauf warten, dass die Daten an das System gesendet werden, bevor sie die benötigten Informationen erfassen. Für passive Schnüffler stehen im Internet zahlreiche Tools zur Verfügung.

2. PassiverOnline-Angriff:Man-In-The-MiddleundReplay Anschläge

Der Man-in-the-Middle-Angreifer wird normalerweise verwendet, wenn zwei Parteien kommunizieren. Der Dritte, also der Mann in der Mitte, kann der Angreifer sein, der gekommen ist, um die reibungslose Kommunikation zwischen den beiden Parteien abzuhören oder zu stören. Um diese Mission erfolgreich durchzuführen, müsste der Mann in der Mitte die beiden Beteiligten beschnüffeln. Diese Art von Angriffen findet man üblicherweise in der drahtlosen Technologie oder im Internet.

3. AktiverOnline-Angriff:Passwort-Erraten

Bei einem Wörterbuchangriff versucht der Eindringling so weit wie möglich, das Passwort und den Namen des Benutzers herauszufinden. Dazu sammelt der Angreifer alle möglichen Wörter und Zahlen und beginnt, das mögliche Passwort des Benutzers zu erraten. Er oder sie verwendet Programme, die Hunderttausende Wörter pro Sekunde erraten können. Diese Programme machen das Erraten von Passwörtern sehr einfach. Dadurch ist der Prozess des Passwort-Erratens nicht nur für den Angreifer flexibel, sondern ermöglicht ihm auch, das Passwort zu erraten, indem er oder sie Wörter rückwärts anordnet, Buchstaben neu anordnet und Sonderzeichen einfügt, bis er oder sie das Richtige findet Passwort.

4. Offline-Angriff

Dies geschieht, wenn ein Eindringling einige Zeit braucht, um zu beobachten, wie ein Benutzername und ein Passwort im System gespeichert sind. Wenn der Angreifer oder Eindringling bei der Beobachtung herausfindet, dass das Passwort in einer lesbaren Datei gespeichert ist, ist es für den Angreifer einfacher, an das Passwort zu gelangen. Wenn sie jedoch verschlüsselt gespeichert werden, würde der Angreifer einen Angriff auf das System vermeiden.

Offline-Angriffe können sehr kräftezehrend und schwierig durchzuführen sein. Einer der Gründe für ihren Erfolg liegt darin, dass LAN-Hash aufgrund der kürzeren Länge und des kleinen Schlüsselraums anfällig ist. LM-Hashes (LAN Manager) sind eine veraltete Methode, die von Microsoft Windows verwendet wird, um Passwörter mit weniger als 15 Zeichen in zwei Hashes mit je fünf Zeichen zu speichern. Generell gilt diese Methode als sehr unsicher. Um ein System vor Online-Angriffen zu schützen, ist es ratsam, LM-Hashes zu entfernen, Passwörter zu sichern und Passwort-Dateien zu verschlüsseln.

Websites zum Knacken von Passwörtern

● http://www.defaultpassword.com/

Dabei handelt es sich um eine Datenbank mit Standard Kennwörtern für Systeme und Computer. Die Website wird durch die Eingaben des Benutzers ständig aktualisiert.

● http://www.cirt.net/cgi-bin/passwd.pl

Dabei handelt es sich auch um eine Datenbank mit Standard Kennwörtern, die ebenfalls durch die Eingabe des Benutzers aktualisiert wird

● AbcomPDF-Password-Cracker

Dies wird verwendet, um den Passwortschutz für PDF-Dateien zu entfernen, wenn der Passwortschutz entfernt wird, und ein Benutzer kann die Datei einfach kopieren oder nach Belieben verwenden.

Passwort erraten

Die Aufklärungsphase wurde im vorherigen Kapitel ausführlich erläutert. In der Aufklärungsphase versuchen die Nutzer, alle notwendigen Informationen über ein System zu sammeln. Abhängig vom Umfang der Informationen, die dem Angreifer in seiner Reichweite zur Verfügung stehen, gilt: Je mehr Informationen ein Angreifer über ein System erhält, desto größer ist die Möglichkeit, in ein System einzudringen. Neben der Aufklärungsphase nutzt der Angreifer auch die

Null Sitzung Phase, um Informationen über ein System zu sammeln. Die Nullstellung ist auch eine Phase, in der der Angreifer versucht, so weit wie möglich Zugriff auf das System zu erhalten. Einer der häufigsten Fehler bei der Systemsicherheit besteht darin, das System mit einem Null- oder unzureichenden Passwort zu verlassen. Normalerweise bevorzugen Benutzer einfache Passwörter gegenüber komplizierten Passwörtern, da die einfachen Passwörter nicht so leicht verlegt werden können.

Untersuchungen haben jedoch gezeigt, dass Passwörter, die angreifbar sind, die einfachsten sind. Bevor sich ein Angreifer mit anderen Techniken zum Erraten von Passwörtern herumschlägt, muss er oder sie das leicht zu merkende Passwort ausgeschöpft haben.

Die Phase des Passwort-Erratens ist die Phase, in der der Angreifer so weit wie möglich versucht, durch kontinuierliches Erraten des Passworts an das Passwort des Systems oder der Sites zu gelangen. In dieser

Phase
beginnt der Angreifer mit sehr einfachen technischen Kombinationen. Da der Angreifer Tools zum Erraten von Passwörtern verwendet, ist es für ihn leicht, in wenigen Sekunden oder Minuten bis zu tausend Passwörter zu erraten. Aus diesem Grund ist es für ein Unternehmen oder eine Einzelperson ratsam, ein sehr sicheres Passwort zu verwenden

– nicht zu konventionell und nicht leicht zu erraten. Es ist auch ratsam, Datum, Passwörter oder Passwörter zu vermeiden, die den eigenen Ehemann oder die Mission oder das Ziel des Unternehmens veranschaulichen. Sichere Passwörter sollten eine Kombination aus Groß- und Kleinbuchstaben, Zahlen und Sonderzeichen sein. Dies trägt dazu bei, die Daten des Unternehmens zu schützen, da der Angreifer möglicherweise nicht an das Kennwort des Unternehmens gelangen kann.

Manueller Algorithmus zum Knacken von Passwörtern

Die einfachste Definition des Sprichwortes von Passwörtern ist die Verwendung einer einfachen FOR-Schleife für ein Passwort. Das folgende Beispiel zeigt, wie ein Angreifer das Passwort und den Benutzernamen eines Systems mithilfe der FOR-Schleife iterierte. In einem Text, der die Funktion eines Wörterbuchs übernimmt, kann die FOR-Schleife verwendet werden, um den Benutzernamen und das Passwort zu extrahieren, indem jede Zeile der Schleife iteriert wird.

[Datei: credentials.txt]

Administrator „“

Administrator-Passwort

Administrator Administrator

[Usw.]

Wenn das Verzeichnis die Datei auswerten kann, würde der Befehl wie folgt eingegeben werden:

FÜR /F„Token 1,2*“ %i in (credentials.txt)^

Mehr? Verwenden Sie nicht \\victim.com\IPC$ %j /u:victim.com\%i^

Mehr? 2>>nul^

Mehr? && echo %time% %date% >> outfile.txt^

Mehr? && echo \\victim.com acct: %i pass: %j >> outfile.txt

Geben Sie outfile.txt ein

Wenn der Benutzername und das Passwort in der Anmeldeinformationsdatei korrekt sind, enthält die Datei outfile.com-Outlet das richtige Passwort. Sobald dies erledigt ist, kann der Angreifer über sein System eine offene Sitzung mit dem Server des Opfers aufbauen. Die folgenden Schritte sind in einem manuellen Passwort-Cracking enthalten:

Identifizieren Sie einen gültigen Benutzer

Listen Sie ein mögliches Passwort für das System auf

Ordnen Sie das Passwort in einer hierarchischen oder logischen Reihenfolge an
Probieren Sie jedes Passwort aus

Wenn das System die Passwörter ablehnt, versuchen Sie es weiter.

Automatisches Knacken von Passwörtern

Mit der Erhöhung der Sicherheit begannen viele Systeme, Passwörter durch eine Art Algorithmus laufen zu lassen, um einen Hash zu generieren, was nicht dasselbe ist wie die bloße Anordnung der Haupt Passwörter. Der generierte Hash ist normalerweise eine Einweghose. Dies bedeutet, dass es nicht in seine frühere Form zurückversetzt werden kann. Die Wahrheit ist, dass ein Hash nicht angreifbar sein kann, die Speicherung des Passwort-Hashes jedoch schon. In den meisten Fällen entschlüsselt das System das zum Zeitpunkt der Authentifizierung gespeicherte Passwort nicht. Diese Systeme können nur in einem Einweg-Hash gespeichert werden.

Beim Ausführen eines lokalen Anmeldevorgangs durchläuft das vom

System ausgegebene Passwort den Algorithmus, der einen Einweg-Hash generiert, der mit dem im System gespeicherten Passwort verglichen
wird. Sollte sich herausstellen, dass der Hash derselbe ist, bedeutet

dies, dass das richtige Passwort verwendet wurde. An diesem Punkt muss der
Angreifer lediglich ein Passwort knacken und eine Kopie des auf dem System gespeicherten Einweg-Hashs erhalten. Sobald er oder sie diese

erhalten kann, kann der Algorithmus verwendet werden, bis eine Übereinstimmung gefunden wird . Für Systeme wie UNIX, Microsoft und Netware wurden ihre Hashing-Algorithmen öffentlich bekannt gegeben.

Um den Zeitaufwand für diese Phase auf ein Minimum zu reduzieren, können Angreifer eine Kombination verschiedener Angriffsmethoden anwenden. Der Angreifer kann problemlos Freeware-Passwort-Cracker für Netware, Windows NT und UNIX erhalten. In diese Programme können Listen eingespeist werden, um einen Wörterbuchangriff durchzuführen. Die folgenden Schritte werden verwendet, um einen automatisierten Passwort-Cracking-Algorithmus auszuführen

1. IdentifizierenSieeinengültigenBenutzer

2. IdentifizierenSiedenverwendetenVerschlüsselungsalgorithmus

3. HolenSiesicheinverschlüsseltesPasswort

4. ErstellenSieeineListemöglicherPasswörter

5. JedesderPasswörtersollteverschlüsseltsein

6. Überprüfen Sie, ob für jede Benutzer-ID eine Übereinstimmung vorliegt

7. WiederholenSiedenerstenSchrittmitSchritt6

So führen Sie das automatische Erraten von Passwörtern durch

Ein Angreifer kann den Prozess eines Angriffs automatisieren, wenn ihm ein manueller Eingriff fehlt. Es gibt viele kostenlose Programme, mit denen dies erreicht werden kann. Einige der Programme sind Jack the Ripper, Legion und NetBIOS Auditing Tool (NAT). Die einfachste dieser Automatisierungs Methoden verwendet der Befehl net. Dazu gehört eine einfache Schleife mit dem NT/2000-Shell-FOR-Befehl. Der

Angreifer muss lediglich eine einfache Passwort- und Benutzernamen Datei erstellen und dann in einem FOR-Befehl auf die Datei verweisen. Dies würde etwa wie folgt aussehen:

FÜR /F„Token, 2*" %i in (credentials.txt)

do net use \\target\IPC$ %i /u: %j

Werkzeug: NAT

NAT steht für NetBIOS Auditing Tool (NAT). Dabei handelt es sich um ein Tool zur Erkundung der vom Zielsystem angebotenen NetBIOS-Dateifreigabedienste. Es wird versucht, eine Bewertung auf Dateisystemebene zu erreichen, indem ein schrittweiser Ansatz zur Informationsbeschaffung implementiert wird. Dies geschieht so, als wäre es ein legitimer lokaler Client. Um seine Funktion auszuführen, beginnt das Überwachungstool als erstes eine UDP-Abfrage, die eine Antwort mit einem NetBIOS-Computernamen auslöst. Die im Bericht enthaltenen Informationen beschränken sich nicht nur auf den Computernamen; es könnte auch den Kontonamen des Benutzers der Maschine und der Arbeitsgruppe enthalten. Dieser Vorgang ist sehr wichtig, um eine Sitzung zu starten.

Danach wird die TCP-Verbindung über den abgeleiteten Computernamen zum NetBIOS Auditing Tool (NAT)-Port 139 des Zielsystems hergestellt und über alle mit dem System verbundenen

Sites geleitet. Um zu vermeiden, dass die Statusabfrage fehlschlägt oder unvollständige Informationen gesendet werden, werden verschiedene Schätzungen des Computernamens durchgeführt. Wenn einerseits ein solcher Versuch, mit einer solchen Sitzung zu arbeiten, fehlschlägt, bedeutet dies, dass der Host gegenüber NetBIOS-Angriffen unverwundbar ist, selbst wenn TCP-Port 139 erreichbar wäre. Andererseits wird das Ziel als anfällig erklärt, wenn ein NetBIOS über den TCP-Port 139 erreichbar war. Die meisten UNIX-SAMBA- und

Microsoft-basierten Server erlauben keine tatsächlichen File-Sharing-Verbindungen ohne einen gültigen Benutzernamen und/oder ein gültiges Passwort, sondern einen Computernamen und andere gültige Informationen, sobald diese verwendet werden. Die NAT-Ausgabe hat das folgende Format:

C:\nat>nat 192.168.2.176

[*]--- Host wird überprüft: 192.168.2.176

[*]--- Abrufen einer Liste der Remote-NetBIOS-Namen

[*]--- Namenstabellen für entfernte Systeme:

JOHN

ARBEITSGRUPPE

JOHN

JOHN

ARBEITSGRUPPE

....

[*]--- Es wird versucht, eine Verbindung mit einem Namen
herzustellen: JOHN
                [*]--- VERBUNDEN mit dem Namen: JOHN ....

[*]--- Es wird versucht, eine Sitzung aufzubauen [*]---

Erhaltener Server

Informationen: Server [JOHN] Benutzer [] Arbeitsgruppe [WORKGROUP] Domäne [WORKGROUP]

[*]--- Erhaltene Aktienliste:

Geben Sie den Namen ein. Geben Sie einen Kommentar ein

--------- ---- ------

D-Disk:

IPC$ IPC: Remote Inter-Process Communication

[*]--- Es wird versucht, auf die Freigabe zuzugreifen: \\JOHN\D

[*]--- WARNUNG: Zugriff auf Freigabe möglich: \\JOHN\D

[*]--- Schreibzugriff wird geprüft in: \\JOHN\D

[*]--- WARNUNG: Das Verzeichnis ist beschreibbar: \\JOHN\D

[*]--- Es wird versucht, Sport zu treiben... Fehler bei: \\JOHN\D

Tools zum Knacken von Passwörtern

● Werkzeug:LCP

Dies wird verwendet, um das Kontokennwort des Benutzers in Windows NT/2000/XP/2003 wiederherzustellen. Es kann verwendet werden, um Kontoinformationen von Remotecomputern, lokalen Computern, LC-Dateien, SAM-Dateien, LCS-Dateien, Sniff-Dateien oder Pwdump-Dateien abzurufen. Der Wiederherstellungsprozess kann mithilfe eines Brute-Force-Angriffs oder eines Wörterbuchangriffs durchgeführt werden. Es funktioniert sowohl für NT- als auch für LM-Hashes.

● Werkzeug:ophcrack

Dabei handelt es sich um ein Windows-Kennwort-Cracker-Tool, das bei der Ausführung seiner Funktion eine Regenbogentabelle verwendet. Das Programm läuft unter Linux, Windows und Mac OS X. Es speichert Passwort-Hashes mit hilfe der folgenden drei Schritte:

Verschlüsseltes SAM: Dies wird verwendet, um die Hashes von SAM (Security Accounts Manager, der die Datenbank mit Benutzernamen, Passwörtern und Berechtigungen verwaltet) und von SYSTEM-Dateien, die von einem Windows-Computer abgerufen wurden, zu sichern.

Lokaler SAM: Dadurch werden die Hashes vom lokalen Windows-Computer ausgegeben.

Remote-SAM: Dies speichert die Hashes eines Remote-Windows-Computers (erfordert Administratorzugriff).

● Werkzeug:Crack

Hierbei handelt es sich um ein Tool zum Erraten von Passwörtern, mit dem die Integrität des UNIX-Passworts überprüft wird. Es nutzt seinen geringen Speicher, um auf UNIX-Rechnern im Hintergrund zu laufen.

Tool: Greifen Sie auf PassView zu

Dies wird verwendet, um durch die Jet Database Engine geschützte Datenbanken oder durch Microsoft Access 95/97/2000/XP oder mit der Jet Database Engine erstellte MDB-Dateien wiederherzustellen. Es gibt drei grundlegende Schritte, um dieses Cracking-Tool zu verwenden:

1. DerBenutzerführtdasProgrammaus

2. KlickenSieaufdieSchaltfläche„Passwortabrufen".

3. WählenSiediezuknackendeMDB-Dateiaus

Gegenmaßnahmen zum Knacken von Passwörtern

Bevor wir die Gegenmaßnahmen zum Knacken von Passwörtern erläutern, ist es wichtig, die grundlegendste Form eines Gegenangriffs zur Kenntnis zu nehmen, nämlich ein sehr sicheres Passwort. Wenn das Passwort eines Computersystems oder einer Site stark zusammengesetzt ist, ist es nicht anfällig für Angriffe. Ein einfaches Passwort bedeutet jedoch, dass ein anderer Angreifer es leicht erraten kann. Stellen Sie sicher, dass Ihr Passwort mindestens einen Groß- und Kleinbuchstaben, ein Symbol, einen Buchstaben und eine Zahl enthält.

Benutzer sollten sich bemühen, ihr Passwort nicht an andere Benutzer weiterzugeben und ein bestimmtes Passwort nicht über einen längeren Zeitraum aufzubewahren. Wenn ein Benutzer sein System unbeaufsichtigt lässt, sollte er das System sperren.

Auf dem Authentifizierungsserver sollte keine zusätzliche Anwendung ausgeführt werden, damit diese im Falle einer Sicherheitslücke nicht ausgenutzt werden kann. Die Passwort-Hashes auf dem System können mit Syskey verschlüsselt werden.

Achten Sie auf verdächtige Aktivitäten im Systemprotokoll. Dies kann ein Hinweis auf einen versuchten Passwortknacker sein.

Die wirksamste Gegenmaßnahme zum Knacken von Passwörtern besteht darin, das Passwort vollständig zu löschen und eine andere Form der Authentifizierung zu verwenden, beispielsweise Biometer oder Smartcards. Obwohl Smartcards die Passwort-Schwachstelle nicht vollständig beseitigen, schränken sie die Möglichkeit einer Gefährdung des Passworts erheblich ein. Für Biometer werden jedoch physikalische

Parameter als alternative Methode zur Authentifizierung eingeführt, beispielsweise Fingerabdrücke.

Kapitelzusammenfassung

- System-Hacking beginnt mit der Phase des Sprichwort des Passworts.

- In der Hacking-Phase setzt der Hacker oder Angreifer das gesamte in der Phase vor dem Angriff gesammelte Wissen in die Praxis um.

- Ein Hash ist nicht anfällig für Angriffe, aber die Speicherung des Hashs kann anfällig sein.

Kapitel Elf

Keylogger und Spyware

Zu den Umrissen, die in diesem Kapitel behandelt werden, gehören:

- WassindKeyloggerundSpyware?

- Software-Keylogger

- KeyloggerundSpyware-Gegenmaßnahmen

- Rootkits

Tastenanschlag-Logger

Tasten Protokollierer protokollieren die Tastatur, um alle eingegebenen Daten aufzuzeichnen. Es ist sowohl in Hardware- als auch in Software-Formaten verfügbar. Sobald die Aufzeichnung abgeschlossen ist, kann sie über die Website an Dritte gesendet oder als versteckte Datei auf dem lokalen System gespeichert werden. Der Tastenanschlag-Logger speichert alle Anwendungsdetails, einschließlich Name, Datum und Uhrzeit des Öffnens der Anwendungen sowie den mit den Anwendungen verbundenen Tastenanschlag. Schlüsselloser können Informationen sofort nach der Eingabe und sogar vor der Verschlüsselung aufzeichnen. Dadurch erhalten Hacker Zugriff auf Passwörter, Benutzernamen und andere vertrauliche Informationen.

Es gibt zwei Arten von Tastenanschlag-Loggern: den Hardware- und den Software-Logger. Der Hardware-Tastenanschlag-Logger ist in die Tastatur integriert und dient zur Datenaufzeichnung. Der in die Tastatur integrierte Hardware-Logger sieht aus wie ein Tastaturadapter. Daher sind sie nicht leicht zugänglich, es sei denn, jemand sucht danach. Um Daten von einem Hardware-Logger abzurufen, muss der Benutzer zunächst physischen Zugriff auf das erforderliche Gerät erhalten. Der Hardware-Logger speichert Informationen direkt im Logger und kann die darin gespeicherten Informationen nicht irgendwohin senden. Der Nutzen dieser Form der Tastenprotokollierung besteht darin, dass die Informationen abgefangen werden, bevor sie die CPU erreichen, und daher nicht von Antiviren-, Antispyware- oder Desktop-Sicherheitsprogrammen entdeckt werden können.

Software-Keylogger

Diese werden häufiger verwendet, da sie über das Netzwerk remote installiert werden können. Sie werden häufig als Teil eines Trojaners oder eines Virus installiert. Um ein System mithilfe des Software-Keyloggers anzugreifen, muss der Angreifer nicht physisch auf das System zugreifen, da Daten häufig in regelmäßigen Abständen per E-Mail vom System gesendet werden. Für Software-Logger gelten nicht die gleichen Speicherbeschränkungen wie für Hardware-Tasten-Logger. Daher können sie zusätzliche Daten erhalten.

Zu den verschiedenen Tastatur-Logger-Tools, die wir benötigen, gehören:

● SC-KeyLog

● RevealerKeylogger

● HandyKeylogger

● ArdamaxKeylogger

● AngetriebenerKeylogger

● Elite-Keylogger

- Schneller Keylogger Spionage-

- Keylogger

- Perfekter Keylogger

- Spytector

- Unsichtbarer KeyLogger Stealth

- Spyware

- RemoteSpy

- Spytech SpyAgent

- Arschspion

- Tastendruck-Spion Desktop-

- Spion

Gegenmaßnahmen gegen Keylogger und Spyware

Als Systembenutzer ist es ratsam, die Antivirensoftware auf dem neuesten Stand zu halten und auch ein verdächtiges laufendes Programm im Auge zu behalten. Dadurch soll verhindert werden, dass Keylogger und Spyware-Angriffe zu Verletzungen oder Kompromittierungen führen. Es ist auch wichtig, die Hardware ständig zu überprüfen; Dadurch wird sichergestellt, dass sich nichts zwischen der Hardware und dem System befindet. Zu den verschiedenen Software Teilen, die zur Durchführung dieser Aktion verwendet werden können, gehören:

Datenschutz Tastatur

Privacykeyboard arbeitet sehr transparent und kann Keylogger leicht erkennen und entfernen. Es überwacht das System auf Keylogging und stoppt jeden, der gefunden wird.

Erweiterter Anti-Keylogger

Hierbei handelt es sich um ein Programm, das dazu dient, den Betrieb eines beliebigen Keyloggers zu behindern, unabhängig davon, ob er gerade verwendet wird oder nicht. Es erfordert nicht die Arbeit von Spyware, um ihre Funktion auszuführen. Da für die Aktion kein Festplatten- oder Speicher-Scan erforderlich ist, ist diese Gegenmaßnahme in den meisten Fällen zeitsparend. Zu den Funktionen fortgeschrittener Keylogger gehören:

- DientalsLeitfadengegendieErfassungvonTastenanschlägen

- DienenSiealsLeitfadengegendieScreenshot-Erfassung

- StellenSieeinedetaillierteListeeinesaktuellgeladenenModuls bereit, das versucht hat, Tastatur Aktivitäten zu überwachen

Spionageabwehr

Hierbei handelt es sich um ein Antispyware-Programm, das Spyware, Adware und Trojaner erkennt und diese auch aus dem System löscht.

Spysweeper

Dies wird zum Erkennen und Entfernen von Spyware, einschließlich Adware, Trojanern, Keyloggern und anderen Systemüberwachung Geräten, verwendet. Um die Wirksamkeit des Spy Sweepers aufrechtzuerhalten, wird die Definitionsdatei regelmäßig aktualisiert, um die neueste Bedrohung aufzunehmen. Sollte bei einem Scan ein Gegenstand gefunden werden, gibt das Programm eine kurze Beschreibung des gefundenen Gegenstands und gibt Empfehlungen, wie ein Benutzer seinen PC schützen kann. Mit Spy Sweepern können

Komponenten wie Spyware und Adware unter Quarantäne gestellt werden, da ihre vollständige Entfernung einige Programme auf dem System beeinträchtigen kann. Die Quarantäne stoppt die Arbeit der Spyware und Adware.

Spy Sweeper bietet außerdem einige Schutzmaßnahmen, die die Installation neuer Malware verhindern

Spyware-Terminator

Dies ist ein Spyware- und Adware-Scanner. Es kann zum Erkennen und Entfernen von Adware, Spyware, Keyloggern, Trojanern, Homepage-Hijacking und anderen Formen von Malware-Bedrohungen verwendet werden. Der Spyware-Terminator besteht aus den folgenden Funktionen:

Spyware-Entfernung: Damit wird der Computer auf mögliche Bedrohungen gescannt. Anschließend werden die Ergebnisse kurz und deutlich gemeldet.

Scan planen: Dies ermöglicht dem Benutzer, einen regelmäßigen Scan zu planen, um die Integrität des Computers sicherzustellen.

Antivirus-Integration

Dazu gehört ein Open-Source-Antiviren-Tool

So verstecken Sie Dateien

Dateien bestehen normalerweise aus einer Reihe von Attributen und dem Dateinamen oder Verzeichnis. Der Dateiname fungiert als Zeiger, der dem System mitteilt, wo oder wann die Datei nicht zu finden ist. Der Dateiname ist jedoch kein Bestandteil der Datei selbst. Zu den Bestandteilen der Datei gehören die Länge der Datei, die Uhrzeit und das Datum der Erstellung und des Zugriffs sowie die Angabe, ob sie schreibgeschützt, archiviert oder ausgeblendet ist.

Der Attrib-Befehl der Datei ändert das Attribut der Datei oder zeigt es an. Wenn ein Angreifer Zugriff auf die Attribute der Datei eines Opfers erhält, versucht er, diese in einer leichter zugänglichen Datei zu ändern. Wenn der Angreifer während der Ausführung keine Attribute angibt, wird das Attribut auf die aktuelle Attribute Einstellung zurückgesetzt. Wenn ein Benutzer beispielsweise die versteckten und Systemattribute zu einer Datei namens test.txt hinzufügen möchte, gibt er oder sie Folgendes ein:

ATTRIB + S + H TEST.TXT

Attrib ist nicht nur auf eine einzelne Datei beschränkt; es kann auch für eine Gruppe von Dateien verwendet werden. Es ermöglicht die Verwendung von Platzhaltern (? Und *) im Dateinamen Parameter, um die Attribute für eine Gruppe von Dateien anzuzeigen oder zu ändern. Wenn ein Benutzer beispielsweise das Verzeichnis C:\HIDE ausblenden möchte, würde er oder sie Folgendes eingeben:
ATTRIB + H C:\HIDE

Eine andere Möglichkeit für einen Benutzer, eine Datei erfolgreich auszublenden, besteht darin, die alternativen NTFS-Datenströme in Windows NT und höher zu verwenden. Der Wert von NTFS liegt darin, dass die Datei bei NTFS von Natur aus eine beträchtliche Menge an Informationen enthalten kann, darunter solche, die für das Betriebssystem, aber für den Benutzer nicht sichtbar sind. Die in der NTFS-Datei enthaltenen Informationen werden als Datenstrom bezeichnet. Das NTFS kann mehrere Streams speichern, da die Größe der Datenströme nicht begrenzt ist.

Rootkits

Das Hauptziel besteht darin, einem Angreifer unentdeckten, unkontrollierten und wiederholten Zugriff auf ein komprommittiertes System zu ermöglichen. Um dies zu erreichen, ersetzt der Angreifer eine oder mehrere Dateien, die während des normalen Verbindungsvorgangs ausgeführt werden, oder installiert einen Backdoor-Prozess. Ein Rootkit kann aus einer Reihe von Tools bestehen, beispielsweise einem Protokollbereinigungstool-Skript oder Netzwerkdienstprogrammen. Rootkit kann verwendet werden, um die Schwachstelle eines Systems auszunutzen oder um ein Passwort auf Administratorebene zu knacken. Um den kontinuierlichen Zugriff eines Angreifers auf den Computer oder das System sicherzustellen, kann ein Rootkit verwendet werden, um Ereignisprotokolle zu bearbeiten, die Überwachung zu deaktivieren und Intrusion-Detection-Systeme zu umgehen.

Mehrere Angreifer können Rootkits betreiben. Denn mit dem Tool kann sich jeder anmelden, sobald er oder sie das Backdoor-Passwort hat. Für den tatsächlichen Benutzer des Systems ist es sehr schwierig, ein Rootkit zu erkennen, da es nach der Ausführung seiner Aufgabe alle Zugriffsrechte und Hinweise auf sein Vorhandensein löscht. Das Rootkit kann nur identifiziert werden, wenn es passiv ist. Es versteckt Dateien in bestimmten Ordnern und verbreitet sich nicht auf die gleiche Weise wie Viren

Zu den verschiedenen Rootkit-Tools, die wir benötigen, gehören:

● AFX-Rootkit

● Nuklear

● Besiegen

Schritte zum Erkennen eines Rootkits

Die unten hervorgehobenen Schritte werden verwendet, um ein Rootkit-Tool zu erkennen:

1. Führen Sie /s /b /ah und dir /s /b /a-h im potenziell infizierten Betriebssystem aus und speichern Sie die Ergebnisse.

2. BootenSievoneinersauberenCD,führenSiedir/s/b/ahund dir /s /b /a-h auf demselben Laufwerk aus und speichern Sie die Ergebnisse.

3. FührenSieeinesaubereVersionvonWinDiffvonderCDfürdie beiden Ergebnissätze aus. Eventuelle Unterschiede können auf das Vorhandensein eines Rootkits hinweisen.

Tools, mit denen sich Rootkits erkennen lassen

● Schwarzlicht

● RootkitRevealer

● ToolszumEntfernenschädlicherSoftware

Rootkit-Gegenmaßnahmen

Eine der letzten Funktionen von Rootkit besteht darin, dass es Administratorzugriff auf die Zielfunktion erfordert. Infolgedessen wird häufig eine verdächtige Anzahl von Netzwerksystemen angezeigt. Der beste Weg, dem Rootkit entgegenzuwirken, besteht darin, eine Neuinstallation von einer vertrauenswürdigen Quelle durchzuführen und alle wichtigen Daten mit Ausnahme der Binärdateien zu sichern.

Eine weitere wirksame Verteidigung gegen Rootkits ist die Code-Prüfsumme. Beispielsweise kann MD5sum.exe problemlos einen Fingerabdruck von Dateien erstellen und alle Änderungen zur Kenntnis nehmen, die möglicherweise die Integrität der Datei verletzen.

Vorzugsweise sollte die Installation von MD5sum.exe automatisiert und gut dokumentiert werden. Weitere grundlegende Merkmale eines Rootkits sind seine Abhängigkeit von den Gerätetreibern. Daher kann der Systembenutzer mit minimalen Gerätetreibern problemlos in sicherer Stimmung booten. Dadurch wird den Rootkits ihr Tarnmechanismus entzogen und ihre Dateien werden verborgen.

Kapitelzusammenfassung

- Keylogger verwenden die Tastatur, um aufzuzeichnen, was auf einem System eingegeben wird.

- Es speichert alle wichtigen Informationen einer Bewerbung, einschließlich Name und Datum.

- Rootkits ermöglichen einem Hacker unbemerkten Zugriff auf ein Computersystem.

Kapitel zwölf

Steganographie

Zu den Umrissen, die in diesem Kapitel behandelt werden, gehören:

- WasistSteganographie?

- SoverbergenSieInformationenineinerBilddatei

- EinfügenniedrigstewertigerBitsinBilddateien

- MaskierungundFilterunginBilddateien

- AlgorithmusundTransformation

- Steganographie-Erkennung

- Steganalyse

- SoverwischenSieSpuren

Was ist Steganographie?

Hierbei handelt es sich um den Prozessdaten hinter anderen Daten zu verbergen. Steganographie ersetzt einen Teil ungenutzter Daten in Tönen, Grafiken, Tests, Videos oder Audios durch andere Daten. Die ausgeblendeten Daten können in Chiffretext, Klartext oder nicht verwendetem Text vorliegen. Es kann auch ein Bild sein. Steganographie kann auch verwendet werden, um die Tatsache, dass eine Nachricht gesendet wird, und die Existenz einer solchen Nachricht zu verbergen. In einer Situation, in der der Benutzer extrem sicher sein möchte, kann Steganographie verwendet werden, um Daten in einer verschlüsselten Datei zu verbergen, sodass die Nachricht in den Daten auch dann bestehen bleibt, wenn die Daten entschlüsselt werden. Das Internet ist vollgepackt mit Steganographie-Tools: Dazu gehören:

● DiSi-Steganography ist ein kleines, DOS-basiertes Steganographie-Programm, das Daten in PC-Bilder einbettet.

● HideandSeekisteinweiteresSteganographie-Programm,das Dateien in GIF-Bildern verbirgt. Es dreht das LSB der Pixel um. Die Daten werden zunächst mit dem Blowfish-Algorithmus verschlüsselt.

● EZStegoisteineJava-basierteSteganographie-Software,diedas LSB von GIF- und PICT-Bildern ändert und die Farbpalette neu anordnet.

● GifshuffleverbirgteineNachrichtineinemGIF-Bild,indemes die Farbkarte neu anordnet.

● GIF-It-Upv1.0isteinSteganographie-ProgrammfürWindows 95, das Dateien in GIF-Dateien verbirgt.

● JPEG-JSTEGverbirgtDatenineinerJPEG-Datei.

● MP3StegoverbirgtDateninMP3-Sounddateien.

● Mandel Schritt und GIF-Extrakt verbergen Daten in fraktalen GIF-Bildern. MandelSteg erstellt ein Mandelbrot-Bild und speichert Daten in den angegebenen Bits der Bildpixel. Anschließend kann der Empfänger GIF-Extrakt verwenden, um die Daten zu extrahieren.

● OutGuess ist ein Steganographie-Tool für Standbilder. Es unterstützt die Bildformate PNG und JPEG.

● NicetextwandeltChiffretextinharmlosenTextum,derwieder
in den ursprünglichen Chiffretext umgewandelt werden kann.
Dieser erweiterbare Werkzeugsatz ermöglicht das Experimentieren mit
benutzerdefinierten Wörterbüchern, die automatische Simulation des
Schreibstils und die Verwendung
kontextfreier Grammatik zur Steuerung der Textgenerierung.

Pretty Good Envelope verbirgt Daten in fast jeder Datei. Tatsächlich
bettet es eine Binär Nachricht in eine größere Binärdatei ein, indem es
die Nachricht an die verdeckte Datei anhängt, sowie einen
4-Byte-Zeiger auf den Anfang der Nachricht. Um die Nachricht
abzurufen, werden die letzten 4 Bytes der Datei gelesen und der
Dateizeiger auf diesen Wert gesetzt. Ab diesem Zeitpunkt kann die
Datei gelesen werden.

● Snow wird verwendet, um Nachrichten im ASCII-Text zu
verbergen, indem Leerzeichen an das Zeilenende angehängt
werden.

● Stealth ist ein einfacher Filter für PGP 2.x, der alle
identifizierenden Header-Informationen entfernt. Es bleiben nur
die verschlüsselten Daten (die wie zufälliges Rauschen
aussehen) übrig.
● SecurEngineverstecktDateienin24-Bit-Bitmap-Bildern(JPEG
oder BMP) oder sogar Textdateien. Dateien können mit GOST,
Vernam oder „3-Wege" verschlüsselt werden.

● SteghidebietetFunktionenzumVersteckenvonDateninBMP-,
WAV- und AU-Dateien, Blowfish-Verschlüsselung,
MD5-Hashing von Passphrasen für Blowfish-Schlüssel und
pseudo zufällige Verteilung versteckter Bits in den
Containerdaten.

- Steganos ist ein benutzerfreundliches Programm im Assistenten Stil zum Verstecken und/oder Verschlüsseln von Dateien. Steganos verschlüsselt Dateien und versteckt sie in verschiedenen Dateitypen. Es enthält auch einen Texteditor, der die Soft-Tempest-Technologie nutzt. Viele weitere Sicherheitsfunktionen sind enthalten.

- Steganography Tools 4 verschlüsselt die Daten mit IDEA, MFA2, DES, 3DES und NSEA in den Modi CBC, ECB, CFB, OFB und PCBC und versteckt sie in Grafiken (durch Ändern des LSB von BMP-Dateien) und digitalem Audio (WAV-Dateien).) oder unbenutzte Sektoren von HD-Disketten. Die eingebettete Nachricht ist normalerweise klein.

- Steganos ist ein DOS-Programm Satz, der zum Kodieren von Daten, Nachrichten in GIF- oder PC-Bildern verwendet wird. Es funktioniert nur mit 320.200.256 Bildern. Die durch die Änderung des LSB des Bildes eingebetteten Daten sind in den meisten Fällen erkennbar.

- StegonoWav ist ein Java-Programm (JDK 1.0), das mithilfe einer Spread-Spektrum-Technik Informationen in 16-Bit-WAV-Dateien verbirgt.

- Steganosaurus ist ein UNIX-Programm, das jede Binärdatei in unsinnigen Text umwandelt, der jedoch statistisch gesehen Text in der Sprache des mitgelieferten Wörterbuchs ähnelt.

- Mit dem Stego kann ein Benutzer Daten in Bitmaps, Textdateien und HTML-Dateien ausblenden. Die Daten werden vor der Einbettung verschlüsselt.

So verbergen Sie Informationen in Bilddateien

Die häufigste Art der Steganographie besteht darin, eine Botschaft in digitalen Bildern zu verbergen. Bilder in einem Computer werden in Form eines Pixels gespeichert; ein Pixel ist zwischen 8 und 24 Bit groß. Das Bild wird dann in einem beliebigen von mehreren Formaten gespeichert. Der am häufigsten verwendete Format Typ für das Bild ist die Methode zum Einfügen niedrigster Wertiger Bits, Maskierung und Filterung sowie Algorithmus und Transformation.

Einfügen niedrigste wertiger Bits in Bilddateien

Auf den Vorgang des Ausblendens von Daten in einem Bild folgt normalerweise die Methode zum Einfügen des niedrigst wertigen Bits. Bei dieser Methode kann die binäre Darstellung verwendet werden, um das niedrigste wertige Bit oder LSB jedes Bits im Bild zu überschreiben. Wenn die Bildeigenschaft anzeigt, dass das Bild eine 24-Bit-Farbe hat, bedeutet dies, dass die Teiländerung minimal ist und für das menschliche Auge nicht erkennbar ist.

Schritte zum Ausblenden der Daten

1. DasSteganographie-ToolerstellteineKopiederBildpalette

2. EinBitderverborgenenPalettewirdverwendet,umdasLSBder 8-Bit-Binärzahl jedes Pixels zu ersetzen

3. EswirdeinebrandneueRGB-FarbederkopiertenPaletteerstellt

4. Das Pixel wird in die 8-Bit-Binärzahl der neuen RGB-Farbe geändert.

Maskierung und Filterung in Bilddateien

Vereinfacht ausgedrückt bedeutet Maskieren das Ändern der Leuchtdichte des maskierten Bereichs. Diese Technik wird normalerweise bei Graustufen- und 24-Bit-Bildern verwendet.

Graustufenbilder werden manchmal als digitale Wasserzeichen verwendet, da sie ähnlich wie Wasserzeichen auf Papier Informationen verbergen. Je kleiner die Leuchtdichte des maskierten Bereichs ist, desto geringer ist die Änderung. Maskierte Steganographie-Bilder behalten durch Schneiden, Komprimieren und etwas Bildverarbeitung eine höhere Wiedergabetreue als LSB. Das Bild ist in einigen wichtigen Bereichen des Bildes ausgeblendet. Aus diesem Grund verschlechtern sich Steganographiebilder, die mit Maskierung kodiert wurden, bei der JPEG-Komprimierung weniger schnell. Wenn die Nachricht versucht, ein hohes Maß an Wiedergabetreue beizubehalten, versucht ein Tool namens JPEG-Jsteg, die Komprimierung von JPEG auszunutzen

Algorithmus und Transformation

Dies ist eine mathematische Funktion, die zum Ausblenden von Daten im Komprimierungsalgorithmus verwendet wird. Um dies zu erreichen, werden die Daten in das Titelbild eingebettet, indem die Koeffizienten einer Transformation eines Bildes geändert werden, beispielsweise die Koeffizienten der diskreten Kosinustransformation. Transformationstechniken werden in drei Typen unterteilt

1. DiskreteKosinustransformation

2. SchnelleFourier-Transformation

3. Wavelet-Transformation

Es ist wichtig zu beachten, dass im räumlichen Bereich gespeicherte Informationen einem Komprimierung Verlust unterliegen können, wenn das Bild eine Verarbeitungstechnik wie Komprimierung durchläuft. Um diese Art von Herausforderung zu meistern, müsste das Bild mit Informationen eingebettet werden, die leicht im Frequenzbereich gehalten werden können.

● Steganography-Tools

- Streams zusammenführen

- Unsichtbare Ordner

- Unsichtbare Geheimnisse

- Stealth-Dateien

- Steganographie

- Schutzmaske

- Hermetischer Stego

- DriveCrypt Plus-Paket (DCPP)

- Kameraplan

- www.spammimic.com

- MP3Stego

- Schnee

- Fort Knox

- BlindSide

- StegHide

- Steganos

- Ziemlich guter Umschlag

- Gifshuffle

- JPHIDE und JPSEEK

- wbStego

- OutGuess usw.

Steganographie-Erkennung

Steganalyse

Bei der Steganalyse geht es darum, die Steganographie herauszufinden und die verborgenen Daten zu extrahieren. Bei verdächtig großen Dateien besteht eine gute Tendenz zur Steganographie. Die Durchführung einer Steganalyse wird als Angriff auf verborgene Informationen bezeichnet. Steganographie-Attacken können in verschiedenen Formen und Ausmaßen auftreten; die häufigste dieser Angriffsformen ist ein Nachrichtenzugriff. Bei einem Nachrichtenzugriff versteckt der Schritt Analytiker, also die Person, die nach der Steganographie sucht, die Daten in einem ähnlichen Bild, indem er die verschiedenen Arten der Steganographie verwendet. Um den Unterschied erkennen zu können, muss das Bild sorgfältig untersucht werden.

Steganographie-Angriff

Der Angriff auf die Steganographie gliedert sich in sieben Grundformen:

1. Nur-Stego-Angriff: Es wird nur das Medium zur Verfügung gestellt, das über den versteckten Angriff verfügt

2. Known-Cover-Angriff: Hier wird der Angriff zur Verfügung gestellt, der die unberührte Kopie und das versteckte Medium zur Verfügung stellt

3. Angriff mit bekannten Nachrichten: Das Medium und die versteckten Daten sind beide verfügbar. Daher kann der Algorithmus für diese beiden leicht bestimmt werden.

4. Known-Stego-Angriff: Hier ist der Steganographie-Algorithmus bekannt, die modifizierte und ursprüngliche Version der versteckten Datei ist verfügbar

5.Chosen-Stego-Angriff: Der Ermittler nutzt die Stenografie-Werkzeuge, um Daten auf einem Medium zu verstecken. Anschließend versucht der Angreifer, verdächtige Muster zu erkennen, die auf einen bestimmten Algorithmus hinweisen.

6. Angriff mit ausgewählter Nachricht: Der Ermittler verwendet ethnografische Tools, um Daten auf einem Medium zu verstecken. Anschließend prüft der Ermittler anhand von Signaturen, wie sich dies auf das Medium auswirkt.

7. Aktivierender oder aktiver Angriff: Bei diesem Angriff wird mutmaßliche Stenografie verwendet, um ein Bild zu verändern.

So verwischen Sie Spuren

Wenn ein Angreifer seine Mission erfüllt, möchte er als Nächstes alle Hinweise auf die Aktivitäten löschen. Der Covering-Track-Prozess beginnt mit der Löschung aller möglichen Fehler oder fehlerhaften Anmeldungen während der Durchführung eines Angriffs. Danach stellt der Angreifer sicher, dass der Anmeldevorgang am System sehr flexibel und unverdächtig ist. Der Angreifer sorgt dafür, dass das System so sauber aussieht, wie es vor dem Angriff aussieht, und schafft sich dann selbst einen Hintertür-Eingang. Alle geänderten Dateien werden wieder in den ursprünglichen Zustand zurückversetzt. Der Schutz vor einem Angreifer, der versucht, seine Spuren zu verwischen, ist ein sehr schwieriger Prozess. Dennoch ist es möglich herauszufinden, ob ein Angreifer in ein System eingegriffen hat, indem er einen kryptografischen Hash auf dem System berechnet.

Überwachung deaktivieren

Das erste, was ein Angreifer tut, sobald er oder sie Zugriff auf ein System erhält, besteht darin, den Status oder die Stufe des Systems zu ermitteln. Zu diesem Zweck versucht der Angreifer, sensible Dateien wie Passwortdateien zu finden und versucht außerdem, automatische Tools zum Sammeln von Informationen wie Tastenanschlag-Logger und Netzwerkfilter einzuschleusen.

Während der Fensterüberwachung werden bestimmte Ereignisse im Ereignisprotokoll aufgezeichnet. Dieses Protokoll kann verwendet werden, um eine Warnung an den Systemadministrator zu senden. Hierbei versucht der Angreifer, mehr über den Prüfstatus des Systems zu erfahren, bevor er den Angriff durchführt.

Der Administrator kann dies jedoch mithilfe von Überwachungs- und Einbruchserkennungsmethoden leicht erkennen. Dies kann genutzt werden, um einen drohenden oder erfolglosen Angriff zu erkennen. Um einen Angriff zu erkennen, ist die Prüfung eines Systems unbedingt erforderlich. Denn ein erfolgloser Angriff könnte ein Hinweis darauf sein, dass ein weiterer Angriff droht. Auditing kann auch zur Einschätzung des Schadens eingesetzt werden, wenn ein Netzwerk kompromittiert wird.

Kapitelzusammenfassung

- Steganographie ist ein Prozess, bei dem Daten hinter anderen Daten verborgen werden.

- Es kann verwendet werden, um die Tatsache, dass eine Nachricht gesendet wird, und die Existenz der Nachricht zu verbergen.

- Bei der Steganalyse geht es darum, die Steganographie herauszufinden und die verborgenen Daten zu extrahieren.

- Beim Verdecken der Spur handelt es sich um einen Prozess, den ein Angreifer anwendet, um alle Beweise für den Angriff auf das System zu löschen.

- Durch die Prüfung eines Systems kann ein bevorstehender Angriff erkannt werden.

Kapitel Dreizehn

Penetrationstests

Zu den Umrissen, die in diesem Kapitel behandelt werden, gehören:

- Penetrationstests

- Sicherheitsüberprüfung

- Schwachstellenanalyse

- Penetrationstests

- PhasendesPenetrationstests

Was ist Penetrationstest?

Ein Penetrationstest ist ein Prozess, bei dem die Methoden, mit denen ein Eindringling sich unbefugten Zugriff auf ein System verschafft, simuliert und ausgesetzt werden. Dieses Thema weicht von allem ab, was wir in den vorherigen Kapiteln behandelt haben. Während sich andere Kapitel auf die Methoden konzentrierten, mit denen ein Angreifer Zugriff auf ein System erhält, und darauf, wie man diesen Methoden und Techniken am besten entgegenwirkt, befürwortet dieses Kapitel eine spezifische Methodik zur Simulation eines realen Angriffs. Der Grund hierfür liegt darin, dass Hacker in den meisten Fällen einer gemeinsamen Vorgehensweise folgen, wenn sie in ein System eindringen wollen.

Kurz gesagt handelt es sich bei Penetrationstests um eine Form der Sicherheitsbewertung. Dabei geht es um die Beurteilung der Sicherheit eines Systems auf vielfältige Weise. Es gibt verschiedene Arten von

Sicherheitsbewertungen und unterschiedliche Zwecke für die Bewertung. Diese unterschiedlichen Ansätze werden im weiteren Verlaufuntersucht.

Was ist eine Sicherheitsbewertung?

Die Sicherheitsbewertung ist von Unternehmen zu Unternehmen unterschiedlich. Sie werden jedoch im Allgemeinen auf der Grundlage dessen ausgewählt, was für die Organisation funktioniert. Zu den verschiedenen Sicherheitskategorien, die wir haben, gehören diese wenigen:

1. Sicherheitsaudit

2. Schwachstellenanalyse

3. PenetrationstestsoderethischesHacking

Sicherheitsaudits

Sicherheitsaudits dienen speziell der Bewertung der Sicherheitsverfahren und -richtlinien eines Unternehmens. Diese Audits konzentrieren sich in der Regel auf die Personen und Prozesse, die an der Gestaltung, Verwaltung und Implementierung der Sicherheit in einem Netzwerk beteiligt sind. Um ein effektives Sicherheitsmanagement aufrechtzuerhalten, initiiert das IT-Management häufig die IT-Prüfungsmethode. Das National Institute of Standards and Technology (NIST) verfügt über ein IT-Sicherheitsaudit Handbuch und ein zugehöriges Toolset zur Durchführung von Audits. Das NIST Automated Security Self-Evaluated Tool (ASSET) kann unter http://csrc.nist.gov heruntergeladen werden.

Schwachstellenanalyse

Dies dient im Wesentlichen dazu, nach bereits bekannten Sicherheitslücken zu suchen. Mit den Tools werden Netzwerksegmente nach netzwerkfähigen Aktivierungssystemen und Betriebssystemen durchsucht. Mithilfe von Schwachstellen Scannern können System- und Netzwerkgeräte auf mögliche Gefahren durch häufige Aufzählung, Angriffe und Denial-of-Service-Angriffe (DoS) überprüft werden. Bei einem DOS-Angriff handelt es sich um Angriffe, die darauf abzielen, das System einer Organisation zum Absturz zu bringen oder herunterzufahren. Mit einem Schwachstellen Scanner können folgende Funktionen ausgeführt werden:

● Identifizieren Sie das Betriebssystem, das auf Geräten oder Computern ausgeführt wird

● Identifizieren Sie die Anwendungen, die auf Computern installiert sind

● Identifizieren Sie die IP- und Transmission Control Protocol/User Datagram Protocol (TCP/UDP)-Ports, die lauschen.

● IdentifizierenSieKontenmitschwachenPasswörtern

● Identifizieren Sie Ordner und Dateien mit schwacher Berechtigung

● Identifizieren Sie Systeme oder Computer, die alle bekannten Schwachstellen ausgesetzt sind

● Identifizieren Sie Standard Dienste und -anwendungen, die deinstalliert oder neu installiert werden müssen

● Identifizieren Sie Fehler in den Sicherheitskonfigurationen gängiger Anwendungen

Penetrationstests

In der Kategorie der Sicherheitsbewertung geht dieser Prozess über das Schwachstellen-Scanning hinaus. Während beim Schwachstellen-Scanning der Sicherheitszustand einzelner Computer und Anwendungen untersucht wird, beurteilt der Penetrationstest das Sicherheitsmodell des Netzwerksystems als Ganzes. Mit Penetrationstests können das IT-Management, die Netzwerksicherheit und mögliche Risiken eines Angriffs überprüft werden, nicht nur für das System, sondern für die gesamte Organisation. Es deckt auch die Schwachstellen auf, die während des Schwachstellen-Scan-Zeitraums möglicherweise nicht entdeckt werden.

Der Pen-Test deckt nicht nur alle plausiblen Schwachstellen eines Systems Netzwerks auf, sondern erklärt auch, wie die Schwachstelle von einem Angreifer ausgenutzt werden kann und welches Ergebnis dabei herauskommt, wenn ein Angriff auf das Netzwerksystem durchgeführt wird. Es hilft Unternehmen dabei, ein Gleichgewicht zwischen geschäftlicher Funktionalität und technischer Leistungsfähigkeit zu schaffen und zu erreichen. Es kann auch die Prozesse in einem Computer aufdecken, die unmittelbar auf Sicherheitsmaßnahmen angewendet werden, bis vielleicht drei Tage nach ihrer Veröffentlichung. Im Wesentlichen geht es darum, sowohl Open-Source-Tools als auch proprietäre Tools zu verwenden, um bekannte und unbekannte technische Schwachstellen in einem vernetzten System zu testen.

Arten von Penetrationstests

Externe Tests

Dies ist ein sehr konventioneller Ansatz für Penetrationstests. Externe Tests konzentrieren sich auf die Infrastruktur, den Server und die zugrunde liegende Software, die mit dem Ziel verbunden ist. Der Test umfasst eine umfassende Analyse bekannter Informationen über das

Zielsystem und die Netzwerk-Aufzählung des Geräts, wobei das Verhalten des Überwachungsgeräts und der Sicherheitsgeräte erkannt wird. Die Vertrautheit des Penetrationstests mit dem Netzwerk Bestimmter zeigt, welche Art von Tests durchgeführt werden. Zu den verschiedenen Arten von Tests, die in dieser Phase durchgeführt werden können, gehören:

1. Black-Box-Tests/Zero-Knowledge-Tests

2. Gray-Box-Tests/Teilwissenstests

3. White-Box-Tests/Vollwissenstests

Black-Box-Tests/Zero-Knowledge-Tests

Hierbei handelt es sich um eine Situation, in der ein Pen-Tester Fehlalarme reduziert und reale Angriffe simuliert, indem er sich für wissenswerte Tests entscheidet, wobei der Pen-Tester keinerlei Kenntnisse über das System hat. Der Pen-Tester verwendet Black-Box-Tests, um Dateien freizugeben und das Netzwerk abzubilden, während er Dienste aufgelistet. Es kann auch zur diskreten Aufzählung von Betriebssystemen verwendet werden. Der Pen-Tester kann auch Kriegs Wahl durchführen, um abhörende Modems zu erkennen, und Wardriving, um anfällige Zugangspunkte zu erkennen.

Gray-Box-Tests/Teilwissenstests

Hierbei handelt es sich um eine Situation, in der die Organisation dem Penetrationstester einige Vorkenntnisse über das System vermittelt. Zu diesen Informationen können Informationen wie der Domänenname, der wahrgenommene Vermögenswert und Schwachstellen gehören. Der Penetrationstester kann auch mit Netzwerk- und Systemadministratoren interagieren.

White-Box-Tests/Complete-Wissenstests

Hierbei handelt es sich um eine Situation, in der die Organisation dem Penetrationstester alle notwendigen Informationen zur Verfügung stellt, um den Sicherheitszugriff gegen einen drohenden Angriff durchzuführen. Die bereitgestellten Informationen können Anlagen, Inventare, Netzwerktopologie Dokumente und Bewertungs Informationen umfassen.

Interne Tests

Dies ist die zweite Art der Pen-Test-Methode. Es ist dasselbe wie externe Tests, aber vielseitiger als externes Testen. Interne Tests können sowohl an physischen als auch an logischen Segmenten durchgeführt werden. Die wichtigsten internen Tests sind:

Do-it-yourself-Tests

Hierbei handelt es sich um eine Art von Tests, die von der Organisation selbst durchgeführt werden. Er wird in einer Situation durchgeführt, in der die Organisation bereits über alles verfügt, was für die Durchführung des Tests erforderlich ist. Diese Option kann jedoch nur dann plausibel sein, wenn die Organisation bereits über einen ausgebildeten Experten unter den Arbeitnehmern oder dem Arbeitgeber verfügt.

Automatisierte Tests

Hierbei handelt es sich um einen Prozess, bei dem eine Organisation und ein Sicherheitstest Unternehmen ihre Sicherheitsbewertung automatisieren. Dieser Ansatz wird verwendet, um die übermäßige Abhängigkeit von Sicherheitsexperten einzudämmen. Um diese Art von Tests durchzuführen, wird das Zielsystem mit einem Sicherheitstool verbunden, das das System bewertet. Das Sicherheitstool versucht, den Angriff zu reproduzieren, den Eindringlinge normalerweise nutzen. Das Tool führt dies durch, um den Grad der Verwundbarkeit des Systems einzuschätzen. Automatisierte Tests sind dem Schwachstellenscan sehr ähnlich, da sie beide den Grad der Schwachstelle eines Systems bewerten

Es ist jedoch wichtig zu beachten, dass ein detailliertes Schwachstellen-Scanning Sicherheitsrichtlinien, Elemente von Architektur Prüfungen, eine auf Firewall-Regeln basierende Analyse, ein allgemeines Benchmarking und Anwendungstests umfassen würde. Eine Organisation kann sich nicht vollständig auf diese Art von Übung verlassen, da sie sich nur auf die externe Durchdringung beschränkt. Es gibt keinen Spielraum für Elemente im Test.

Eine wesentliche Bedeutung der Tests besteht darin, dass die Tracer Menge für jeden Test im Allgemeinen reduziert wird.

Manuelles Testen

Bei dieser Art von Tests verwendet die Organisation eine systematische Testmethode, um Lücken in Sicherheitsmodellen aufzudecken. Die Tests werden Phase für Phase durchgeführt und können Social Engineering, das Sammeln grundlegender Informationen, das Scannen und Ausnutzen der Schwachstelle, die Schwachstellen Bewertung usw. umfassen. Der manuelle Testansatz umfasst mehrere Aktivitäten wie Testentwurf, -planung und -terminierung sowie die Durchführung einer detaillierten Dokumentation, um das Testergebnis in seiner Gesamtheit zu erfassen.

Phasen des Penetrationstests

Zu den grundlegenden Phasen des Penetrationstests gehören:

● EmpfohleneVorgehensweise

● Planungsphase

● PhasevordemAngriff

- Angriffsphase

- Phase nach dem Angriff

Penetrationstest-Tools

So wählen Sie den Typ des zu verwendenden Pen-Test-Tools aus.

Die Wahl des Pentest-Tools hängt von der Zielsetzung bzw. dem Penetrationstest ab. Bei der Auswahl eines Pen-Test-Tools sind jedoch einige grundlegende Faktoren zu berücksichtigen. Zu diesen Faktoren gehören:

- Kosten

Wenn das Budget für den Penetrationstest relativ gering ist, kann das Team auf einige der beliebten Freeware-Tools zurückgreifen. Ein gutes Beispiel für ein solches Tool ist Nmap. Das Tool ist nicht nur ein hervorragender Freeware-Port-Scanner, sondern gilt auch als eines der besten Tools seiner Art. Abgesehen von diesem Tool ist Appscan auch ein weiteres sehr effektives Tool für die Prüfung, allerdings kostet es 15.000 US-Dollar pro Arbeitsplatz und Jahr. Wenn die Organisation keine Kostenprobleme hat, kann das Testteam auf kommerzielle High-End-Tools zurückgreifen.

- Benutzerfreundlichkeit

Die Tools müssen einfach zu verwenden sein. Wenn sie eine umfangreiche Konfiguration erfordern, ist die Verwendung möglicherweise zu schwierig.

Plattformen

Die Tools sollten abhängig von der Plattform ausgewählt werden, auf der sie ausgeführt werden sollen.

Arten von Penetrationstest-Tools

Appscan

Hierbei handelt es sich um eine App, mit der die Daten eines Zielsystems überprüft werden können. Es ist für automatisierte Sicherheitstests von Webanwendungen und zur Bewertung von Schwachstellen konzipiert. Appscan wurde als eines der führenden Tools zur Bewertung von Anwendungs Schwachstellen aufgeführt. Es ermöglicht Benutzern eines Netzwerks, Anwendungen schnell und kostengünstig in die Produktion zu bringen.

Hacker-Schild

Hierbei handelt es sich um ein Anti-Hacking-Programm, mit dem alle Hacking-Techniken behoben werden, mit denen ein Angreifer Zugriff auf einen Server erhält. Das Schöne an diesem Tool ist, dass es den Server weiterhin schützt, indem es die nachfolgende Schwachstelle identifiziert und behebt.

Cerberus Internet-Scanner

Dieser Scanner ist im Volksmund als CIS bekannt und wird von Cerberus Information Security verwaltet. Das Tool ist so programmiert, dass es Administratoren dabei hilft, eine Schwachstelle zu entdecken und zu beheben. Die App ist so effizient, dass sie 300 Schecks gleichzeitig verarbeiten kann.

CyberCop-Scanner

Der CyberCop-Scanner ermöglicht es einem Benutzer, Schwachstellen zu entdecken, indem er mehr als 800 Schwachstellen ausführt. Es führt jedoch nur einen anwendbaren Test auf Netzwerkgeräten durch und kann bis zu 100 Hosts gleichzeitig ausführen.

FoundScan

Dieses Programm verfügt über einen einzigartigen Prozess zum Aufdecken von Sicherheitslücken. Die gesamte Methodik wird durch ein effizientes Verwaltungstool gesteuert, mit dem Sie Einstellungen komprimieren können, um ein Netzwerk zu manipulieren oder einen Vollzugriff durchzuführen. Zunächst werden Live-Hosts nicht nur mithilfe von ICMP, sondern auch mithilfe von TCP und UDP auf beliebten Ports identifiziert.

Weitere Penetrationstest-Tools sind:

● NetRecon

● Nessus

● HEILIGE

● SecureNETPro

● Sicherheitsscan

● ForschungsassistenteinesSicherheitsPrüfers(SARA)

● SATAN

● Sicherheitsanalysator.

● STAT-Analysator

● Wachsam

● WebInspektion

● CredDigger

● Nsauditor

Kapitelzusammenfassung

- Penetrationstests stellen eine Abweichung von den anderen in seinem Buch behandelten Themen dar, da Hacker in der Regel einen gemeinsam zugrunde liegenden Ansatz verfolgen, wenn sie in ein System eindringen wollen. Mit dem Pen-Test wird simuliert, wie sich Eindringlinge Zugang zum System eines Unternehmens verschaffen und die Systeme kompromittieren.

- Zu den Sicherheits Bewertungskategorien gehören Schwachstellen Bewertung, Sicherheitsüberprüfungen, Schwachstellen und Penetrationstests. Mithilfe von Schwachstellen Scannern können Systeme getestet werden und Netzwerkgeräte erkennen, ob sie häufigen Angriffen ausgesetzt waren.

- Risiko = Bedrohung × Sicherheitslücke.

Kapitel vierzehn

Penetrationstest-Tool

Im vorherigen Kapitel wurde eine Liste nützlicher Werkzeuge für die Penetrationsphase gegeben. In diesem Kapitel werden einige notwendige Werkzeuge untersucht, die Hacker in der Penetrationsphase verwenden. Zu diesen Tools gehören:

Tools zur Fehlerverfolgung

- Webbasierte Software zur Fehler-/Fehlerverfolgung von Avensoft.com

Hierbei handelt es sich um eine Fehlerverfolgung Software bzw. einen webbasierten Fehler, der von Herstellern und Produkten Produzenten verwendet wird, um jegliche Form von Fehlern am Produkt zu beheben. Die Software wird häufig in der Endphase der Produkte Produktion eingesetzt. In dieser Phase können verschiedene Gruppen wie die Qualitätssicherung Gruppe, die Produktentwicklung Gruppe und die technische Support Gruppe einen oder mehrere an den Produkten festgestellte Mängel einreichen. Der Bug-Tracker-Server wird zusammen mit dem Webserver, dem Entwicklungsstudio, der serverseitigen Skriptsprache und dem Quellcode für die Webseite gebündelt. Der Bugtracker ist so konzipiert, dass Benutzer von ihren verschiedenen Workstations oder Domänen aus problemlos auf den Webbrowser zugreifen können.

- SWB Tracker von Softwarewithbrains.com

Dies ist eine Anwendung zur Fehlerverfolgung. Die Anwendungen ermöglichen Mehrbenutzer mit gleichzeitiger Lizenzierung. Das Tool verfolgt jedes Detail, auch wenn es eine Warnung per E-Mail an einen

Mitarbeiter sendet, und druckt die Zusammenfassung des Berichts im HTML-Format aus. Normalerweise werden die Tools an die Bedürfnisse des Benutzers angepasst.

Der Fehler-Workflow wird als Deaktivieren/Aktivieren/Anfordern der verschiedenen Feldtypen basierend auf dem Status und der Anzahl der Benutzer erläutert. Wenn beispielsweise ein einzelner Fehler auftritt, kann dies auf mehrere Kunden angewendet werden, indem einfach die Informationen des Kunden verfolgt werden. Die Schwere der Fehlernummern, die Nummern des Fehlers und andere Informationen werden in Bezug auf den Zustand des Fehlers gespeichert.

- Erweiterte Web-Edition zur Fehlerverfolgung

Hierbei handelt es sich um ein webbasiertes Fehlerverfolgung Tool, das es dem Benutzer ermöglicht, die Verfolgung von Fehlern, Vorschlägen, Mängeln und Funktionsanforderungen zu vereinfachen. Mit der Software können Benutzer Fehler, Anfragen, Funktionen, Mängel und Vorschläge von Kunden, Versionen usw. in einer einzigen Datenbank verfolgen. Benutzer auf der ganzen Welt können sich jederzeit über ihre verschiedenen Webbrowser bei der Software anmelden. Dies bedeutet, dass die Software nicht durch den Standort eingeschränkt ist.

Festplatten Replikations Tools

- Snapback-DUP

Hierbei handelt es sich um eine Software, die so programmiert ist, dass sie eine direkte Replik einer Workstation-Festplatte oder eine exakte Image-Sicherung eines Servers erstellt. Die Software ermöglicht es ihren Benutzern, das exakte Abbild der Festplatte zu erstellen, das auf jeder Betriebssystemsoftware repliziert wird. Nach dem Duplizierung Zeitraum werden die Daten im Netzwerk als Datei gespeichert, die jedes einzelne Byte auf der Festplatte enthält.

- Narzissen-Replikator

Mit einem Daffodil-Replikator können Benutzer eine Java-Anwendung verwenden, um mehrere Datenquellen zu synchronisieren. Das Tool unterstützt Benutzer bei Datendiensten, die sich in einem Remote-Netzwerk befinden. Darüber hinaus erhalten Benutzer die Möglichkeit, ihre Java-Datenbankanwendung zu verbessern, indem sie exakte Kopien der Daten, die zwischen den Java-basierten Datenbanken verteilt sind, reproduzieren und diese auch synchronisieren können.

Tools zur Netzwerküberwachung

- Hundertjährige Entdeckung

Dieses Erkennungsprogramm enthält eine spezielle LAN-Probe-Software, mit der sich die gesamte Hardware lokalisieren lässt, die mit einem Netzwerksystem verbunden ist. Hierbei handelt es sich um ein System, auf dem kein Client-Agent installiert ist. Mit der Software kann ein vollständiges Auditprogramm und eine vollständige Bestandsprüfung durchgeführt werden, ohne dass eine manuelle Überprüfung erforderlich ist. Es handelt sich um eine sehr effektive Prüfungssoftware.

- eTrust Audit (Audit Log Repository) vom Computer Assoziiert

Dies ist ein Computer-Audit- und Sicherheitstool. Es kann verwendet werden, um große Mengen an Netzwerkverkehr zu verarbeiten, der von anderen Überwachungsprogrammen verursacht wird, ohne dass die Leistung des Programms beeinträchtigt wird. Vertrauen Audit kombiniert die Daten vom Windows NT-Server und UNIX. Da dieses Tool die Internet Stunden eines Benutzers im System protokollieren kann, ist es für Netzwerkadministratoren sehr nützlich. Mit dem Tool können folgende Funktionen ausgeführt werden:

● Wird zur Integration anderer Vertrauen hergestellter Produkte verwendet.

- Benutzer können sich mit oder ohne Genehmigung des Netzwerkadministrators bei Websites anmelden, die zuvor mit dem Central Audit Log Data Repository besucht wurden.

- Es gibt einen sehr flexiblen Filter und eine Werbeaktion, die die Administratoren über ein Update benachrichtigt.

- Das native Fenster verfügt über eine Sammlung aktueller NT-Ereignisse.

Traceroute-Tools und ihre Dienste

● IP-Tracer

Diese Tools werden verwendet, um Spammer aufzuspüren und aufzuspüren. Das Tool enthält drei IP-Tracer. Sie beinhalten:

● Der Netzwerkagentur, der dem Netzwerkadministrator ein Livebild des Status der Netzwerkfestplatte bereitstellt

● Ein visuelles Tracking-Tool, das den spezifischen Punkt des Spams verfolgen kann

● Das PC-Explorer-Tool, das Benutzern eine verbesserte Arbeitsumgebung bietet

Tools zur Bewertung von Systemsoftware

● DatenbankScanner

Dies wird verwendet, um eine Sicherheitsdatenbank zu erkennen und die Möglichkeit einer Schwachstelle zu analysieren. Es ermöglicht Benutzern, sicherheitsrelevante Probleme wie die Funktionalität zu erkennen und zu melden, was zur Messung der Richtlinien, Übereinstimmung und zur Automatisierung des Prozesses zur Sicherung kritischer Online-Geschäftsdaten verwendet werden kann. Sicherheits Administratoren und -prüfer können das Tool problemlos für die relationale Datenbank Unterkomponenten verwenden, unabhängig davon, ob es sich um einen Oracle- oder einen Microsoft SQL Server handelt.

● SystemScanner

Dies fungiert als Unterabteilung der Sicherheits-Management-Plattform von Internet Security Systems. Es wertet Host-Monitor und -Sicherheiten aus und meldet alle bekannten Sicherheitslücken im System. Es kann auch verwendet werden, um den Server auf Sicherheit Manipulationen wie Dienste und Systemintegrität zu überwachen.

Der Scanner nutzt eine breite Palette von Betriebssystemen, um die Sicherheit mit Hilfe einer Host-zu-Netzwerk-Ansicht der kritischen Systeme und Server aufrechtzuerhalten, zu messen und umzusetzen.

Fingerabdruck-Tool

● Pfundstein

Organisationen und Systemadministratoren können den Schwachstellenerhebungsprozess mit dem Fingerabdruck-Tool einfach verwalten. Ein großer Vorteil davon ist die Zeitersparnis. Das Tool verfügt über eine Schritt-für-Schritt-Anleitung für jede Art von Schwachstelle, die von der einfachen Passwortänderungs-Schwachstelle bis hin zu fehlenden Patches reicht. Der von der Anwendung bereitgestellte Bericht ermöglicht eine Echtzeitverfolgung, was letztendlich zu einer Verringerung des Sicherheitsrisikos führt.

Port-Scan-Tools

● Superscan

Dies ist eines der schnellsten Dienstprogramme, mit dem Sie die Funktionen des Ports durchsuchen können. Es ist vollgepackt mit Funktionen, die unbegrenzte IP-Bereiche unterstützen. Das Dienstprogramm übernimmt die Funktion der Verlauf Anerkennung durch die Verwendung mehrerer ICMP-Methoden. Es kann auch zum Durchführen von UDP-, SYN- und TCP-Scans verwendet werden. Der aus dem Scan generierte Bericht ist in einfachen und verständlichen HTML verfasst. Der Bericht sortiert die Reihenfolge der IP- und Port-Scans nach dem Zufallsprinzip und listet gleichzeitig den Fenster Host auf.

● ErweiterterPort-Scanner

Dieser Port-Scanner führt seine Funktion multithreaded aus, um die bestmögliche Leistung zu erzielen. Das Ergebnis des Scans wird oft in einem grafischen Format angezeigt, das leicht formatiert werden kann.

Tools zum Scannen von Passwörtern.

● Passphrase-Bewahrer

Mit diesem Tool können Benutzer alle Kontoinformationen verwalten und speichern, einschließlich Passwort und Benutzername. Der Benutzer kann die Drag-and-Drop-Option verwenden, um Informationen einzugeben, oder die automatische Option verwenden. Das Tool kann auch zum Öffnen von Weblinks, zum Erstellen und Generieren von Passwörtern sowie zum Drucken und Exportieren von Daten in HTML verwendet werden.

● ITISProtect

Ich werde verwendet, um Benutzerkonten zu authentifizieren und die Passwörter und Benutzernamen der Benutzer aufzubewahren. Sowohl die Benutzer- als auch die Gruppenauthentifizierung können mit oder ohne das NT-Benutzerkonto durchgeführt werden. Der Benutzer kann Zugriffsbeschränkungen für eine bestimmte Datei, ein gesamtes Verzeichnis oder ein Verzeichnis und alle darin enthaltenen Unterverzeichnisse und Dateien konfigurieren.

● ToolboxzurInternet-PasswortWiederherstellung

Dies wird verwendet, um Netzwerk- und Einwahl-Kennwörter sowie Internet Explorer-Kennwörter wiederherzustellen.

Keylogger und Tools zur Bildschirmaufnahme

● SpectorProfessional

Hierbei handelt es sich um ein Gesundheits-Tool, das Administratoren oder Fachleute problemlos auf ihren Systemen installieren und damit Aktivitäten auf dem System überwachen können. Es handelt sich außerdem um einen Keylogger, der an andere Programme angehängt und per E-Mail an das Zielsystem gesendet werden kann. Wenn ein Zuschauer gesendet wird, muss er auf dem Zielsystem installiert werden. Der Zuschauer-Keylogger verfügt über eine einzigartige Funktion namens „Smart Rename". Mit diesen Funktionen können Benutzer die ausführbaren Dateien des erforderlichen Keyloggers einfach umbenennen. Die wenigen Merkmale der Spector Professionals sind wie folgt:

● Das Tool kann von einem entfernten Standort aus installiert werden

● Eskannverwendetwerden,umdieFirewallzuumgehen

● Eine verschlüsselte Protokolldatei, die durch ein Passwort geschützt werden kann

● Protokolliert und sendet Screenshots per E-Mail im Stealth-Modus an den Benutzer

Handy Keylogger

Dies ist ein Stealth-Keylogger für Unternehmen und Privatpersonen. Es erfasst sowohl internationale Keylogger, Zeichensätze als auch die wichtigsten 2-Byte-Kodierungen. Mit dem Tool können auch Informationen über alle von den Benutzern besuchten Websites, den

Namen der Website und die Zeit ihres Besuchs gespeichert werden. Die Keylogger-Unterstützung wird mit Netscape Navigator, Internet Explorer, Opera und den meisten gängigen Browsern verwendet. Die Funktionen des Tools sind wie folgt:

● ÜberwachtdieInternetaktivität

● KopiertTextundGrafikenindieZwischenablage

● UnterstütztalleWindows-Betriebssysteme

● ZeichnetallePasswörterauf

● Überwacht IM- und E-Mail-Informationen im Postfach des Installateurs

Tools zur Sicherheitsbewertung

● NessusWindows-Technologie(Neu)

Dabei handelt es sich um ein anfälliges eigenständiges Tool, das für die Windows-Plattform entwickelt wurde. Das Tool wird zur Überprüfung des Netzwerks auf Schwachstellen verwendet und kann zur Überprüfung auf mehr als 2000 Schwachstellen verwendet werden, die regelmäßig aktualisiert werden. NWT unterstützt NASL-Prüfungen. Es prüft auf mehr als 2.000 häufige Schwachstellen, die regelmäßig aktualisiert werden. NWT unterstützt NASL-Prüfungen. Es ist mit einer benutzerfreundlichen grafischen Benutzeroberfläche und vielen Scanoptionen ausgestattet, gebündelt mit einer effektiven Berichterstellung. NeWT kann auf Microsoft-Server Plattformen in einem großen Unternehmen zum verteilten Scannen mithilfe der Lightning Console ausgeführt werden. Mit der Beleuchtung Console verteilt, verwaltet, organisiert und meldet ein Benutzer Netzwerksicherheit Informationen an mehrere Benutzer in mehreren

Organisationen und übermittelt erkannte Aktivitäten an die Geschäftsleitung.

NetIQ-Sicherheitsmanager

Hierbei handelt es sich um ein Vorfallmanagement-Tool, mit dem das Netzwerk in Echtzeit überwacht und automatisch auf Bedrohungen reagiert werden kann, während gleichzeitig alle wichtigen Informationen von der zentralen Konsole aus geschützt werden. Die Funktion des Tools wird wie folgt hervorgehoben:

● Bieten Sie eine detaillierte Verwaltung von Sicherheits-Ereignissen.

● Fördern Sie Ihr Sicherheits Wissen mit der NetIQ Security-Wissensdatenbank.

● Fördern Sie die Betriebsebene, indem Sie vertrauliche Daten schützen, die Systemverfügbarkeit verbessern und die Netzwerkintegrität aufrechterhalten.

● Begrenzen Sie die Gefährdung der Sicherheit durch Bedrohungen, einschließlich der Zeit, die zum Erkennen des Exploits und der Zeit zum Reagieren benötigt wird. Der Grund dafür ist, dass NetIQ Security Manager automatisch mit integrierten Antworten antworten.

Mehrere Betriebssysteme Verwaltungstools

● MehrereBoot-Manager

Hierbei handelt es sich um ein Low-Level-Freeware-Tool, mit dem über das Menü jedes beliebige Betriebssystem zum Booten ausgewählt werden kann. Das Tool unterstützt Festplatten mit einer Kapazität von mehr als 8 GB, sofern das Betriebssystem das Booten von einer Festplatte mit mehr als 8 GB unterstützt. MBM kann bis zu vier

Festplatten aufnehmen. Damit MBM jedoch mit diesen Festplatten funktioniert, muss jedes Laufwerk vom BIOS als Festplatte identifiziert werden. MBM kann auch zum Bearbeiten von Partitionstabellen verwendet werden. Es wird als One-Boot-Verwaltungsprogramm angeboten und eignet sich für die Installation mehrerer Betriebssysteme auf mehreren Festplatten. MBM unterstützt die folgenden Betriebssysteme: MS-DOS 6.2, PC DOS 6.3, Windows 95/98/98SE/ME/NT 3.51/NT 4.0/2000/XP, Linux, OS/2 warp3, BSD, OpenBSD, NetBSD, BeOS, Solaris , B-rechts/V, Plan 9, OPENSTEP 4.2J und EOTA.

● AcronisOSSelector

Dies ist ein Partitions- und Bootmanager, der es dem Benutzer ermöglicht, mehr als 100 Betriebssysteme zu installieren. Mit Acronis OS Selector können Benutzer alle Betriebssysteme starten, wenn diese auf einer Festplatte enthalten sind. Ist dies jedoch nicht der Fall, können Benutzer jedes Betriebssystem von jeder der vorhandenen Festplatten starten. Das Tool schützt das System auch vor Bootsektorviren. Das Verschieben, Kopieren und Zusammenführen von Partitionen ist ohne Datenverlust möglich. Acronis unterstützt die folgenden Dateisysteme: FAT32, FAT16, Linux ext2, NTFS, ReiserFS, ext3 und Linux Swap. Zu den von Acronis unterstützten Plattformen gehören MS-DOS, PTS-DOS, PC-DOS, DOS, DR ZWEI, Windows 3.1 DOS, Linux (jede Distribution), Windows 95/95OSR2/98/ME/NT 3.1/NT 3.5/NT 3.51/NT 4.0/2000/XP, BSD, UNIXWARE, Solaris, SCO UNIX, OS/2, B-TRON, BeOS, QNX. Und Eon, 2000, 4000 oder 5000.

Kapitelzusammenfassung

- Abhängig von der Art des durchzuführenden Tests werden viele Tools für Penetrationstests verwendet.

- Ich werde verwendet, um das Benutzerkonto zu authentifizieren und die Passwörter und Benutzernamen der Benutzer aufzubewahren.

- Der Netzwerksicherheit Anwendung System Scanner funktioniert wie eine Komponente der Sicherheitsverwaltung Plattform von Internet Security Systems. Es überwacht und bewertet die Host-Sicherheit und erkennt und meldet Schwachstellen in der Systemsicherheit.

- Daffodil Replicator ist ein Tool, mit dem Benutzer die Java-Anwendung zum Synchronisieren mehrerer Daten verwenden können.

Abschluss

Aus der bisherigen Erklärung lässt sich ableiten, dass der Anwendungsbereich von Hacking über die Informatik hinausgeht. Beim Hacken geht es darum, mithilfe des Computers einige technische Probleme zu lösen, die über die herkömmlichen Probleme hinausgehen, für die sie häufig eingesetzt werden. Das Buch bietet eine umfassende Erläuterung des Umfangs des ethischen Hackings im Unterschied zum allgemeinen Wissen über Hacking. Ethisches Hacken wurde anhand der fünf Hauptaspekte des Berufs erklärt: die Bedeutung von ethischem Hacking, die Phase vor dem Angriff, die Angriffsphase, die Aufzählung und Penetrationstests.

Bei der Erläuterung der oben aufgeführten Aspekte wurde der Schwerpunkt stärker auf die Phase vor dem Angriff gelegt. Dies impliziert, wie die Angreifer die anfängliche Informationsbeschaffung durchführen, die ein Aspekt der Aufklärungsphase ist. Anschließend wurden die beim Footprinting und der Zählung verwendeten Techniken erläutert. Auch die Scan-Phase wurde erläutert, daran schließt sich die Angriffsphase an. Für jede Erklärung im Buch werden dem ethischen Hacker Gegenmaßnahmen, Techniken und Werkzeuge an die Hand gegeben, die dabei helfen, die Arbeit des Angreifers zu vereiteln.

Die letzten beiden Kapitel des Buches konzentrierten sich auf Penetrationstests. Dieser Aspekt ist von entscheidender Bedeutung, da er Auditing- und Schwachstellen-Scan-Tools umfasst. Für Penetrationstests gibt es mehr als zwanzig Tools, die ein ethischer Hacker nutzen kann. Jedes dieser Tools wurde ausführlich erklärt.